AF190515

PASSION RELOADED

Dein Weg als Unternehmer
zu neuer Begeisterung, Klarheit
und nachhaltigem Erfol

Passion Reloaded –
Dein Weg als Unternehmer zu neuer Begeisterung, Klarheit und nachhaltigem Erfolg

Autor: René Greiner

1. Auflage

Copyright © 2025 René Greiner

Bibliografische Informationen der Deutschen Nationalbibliothek: Die Deutsche Nationalbibliothek verzeichnete diese Publikation in der Deutschen Nationalbibliografie. Detaillierte bibliografische Daten sind im Internet über https://dnb.dnb.de abrufbar.

Umschlaggestaltung: R. Greiner mit canva.com / designrr.com
Satz: video4net GmbH, 94344 Wiesenfelden

Printed in Germany
ISBN: 978-3-7597-9637-0

Verlag: BoD · Books on Demand GmbH, Überseering 33, 22297 Hamburg, bod@bod.de
Druck: Libri Plureos GmbH, Friedensallee 273, 22763 Hamburg

Vorwort

Selbstständig zu sein ist eine Entscheidung, die oft aus Begeisterung, Leidenschaft und dem Wunsch nach Freiheit getroffen wird. Doch was passiert, wenn genau diese Begeisterung mit der Zeit nachlässt? Wenn der Alltag von Stress, Unsicherheiten und Routine bestimmt wird? Wenn man sich irgendwann fragt: Wo ist eigentlich das Feuer geblieben, das mich angetrieben hat?

Ich weiß, wie es sich anfühlt. Seit über 30 Jahren bin ich selbstständig, habe Höhen und Tiefen erlebt, mich immer wieder neu erfinden müssen. In meiner Arbeit als Mediengestalter, Marketingberater und Unternehmer habe ich unzählige Menschen begleitet – von Einzelunternehmern mit kleinen Praxisräumen über kreative Handwerker bis hin zu Entwicklern neuer Technologien in mittelständischen und großen Unternehmen. Jedes dieser Unternehmen, jede dieser Personen hatte ihre eigene Geschichte, ihre eigenen Herausforderungen. Und oft kam im Gespräch der Moment, in dem klar wurde: Die größte Herausforderung ist nicht der Markt, nicht der Wettbewerb – sondern die eigene innere Energie, die Begeisterung für das, was man tut.

Ich habe gesehen, wie Menschen mit brillanten Ideen irgendwann in Routine und Druck versinken. Ich habe aber auch erlebt, wie es möglich ist, diese Begeisterung wieder zurückzuholen – durch kleine Veränderungen im Denken, durch neue Perspektiven, durch bewusste Entscheidungen.

Dieses Buch ist für dich, wenn du dich in dieser Situation wiederfindest. Es ist ein Werkzeug, ein Impulsgeber – aber keine starre Anleitung. Ich möchte dich dazu ermutigen, einmal einen Schritt zurückzutreten, deinen Alltag mit neuen Augen zu betrachten und wieder den Antrieb zu finden, mit dem du damals gestartet bist.

Nutze dieses Buch als deinen persönlichen Reset-Button. Lass dich inspirieren, entdecke neue Möglichkeiten und bringe frischen Schwung in dein Unternehmertum. Denn Begeisterung ist kein Luxus – sie ist die treibende Kraft für echten Erfolg.

Viel Freude und neue Energie beim Lesen!

René Greiner

Inhalt

PASSION RELOADED

Vom Ballast zur Begeisterung: Wie Unternehmer den Weg zurück zu ihrer Leidenschaft finden

Viele Unternehmer erinnern sich noch genau an den Moment, als sie sich selbstständig gemacht haben. Sie hatten eine klare Vision, eine besondere Fähigkeit oder eine geniale Idee – und sie waren voller Energie und Begeisterung. Der Gedanke, unabhängig zu sein, etwas Eigenes aufzubauen und die eigene Leidenschaft zum Beruf zu machen, war elektrisierend.

Doch mit den Jahren hat sich oft etwas verändert. Neben dem, was sie ursprünglich geliebt haben, haben sich unzählige **Zusatzaufgaben und Verpflichtungen** angesammelt. Buchhaltung, Kundenakquise, Personalführung, Verwaltung, Bürokratie – Dinge, die sie vielleicht nie wirklich tun wollten, sind zum festen Bestandteil ihres Alltags geworden. **Der Fokus hat sich verschoben**, und statt Freude überwiegt zunehmend das Gefühl von Überlastung. Die Selbstständigkeit fühlt sich mehr nach „selbst und ständig" an als nach der Erfüllung eines Traums.

Begeisterung für die eigene Arbeit ist kein Zufall. Sie entsteht aus einer komplexen Mischung aus Sinnhaftigkeit, Handlungsspielraum, sozialer Einbindung und persönlicher Entwicklung. Doch warum geht diese Begeisterung oft verloren? Und wie lässt sie sich zurückholen?

Warum schwindet die Begeisterung im Job?

Mehrere Faktoren können dazu führen, dass die anfängliche Begeisterung für den eigenen Beruf nachlässt:

1. Sinnverlust in der Arbeit

Studien zeigen, dass Sinnhaftigkeit einer der stärksten Treiber für Begeisterung ist. Wenn Unternehmer den Eindruck haben, dass ihre Arbeit keinen Unterschied macht oder dass sie sich zu weit von ihren ursprünglichen Idealen entfernt haben, kann dies zu Frustration und Resignation führen.

2. Fehlende Anerkennung und Wertschätzung

Einer der größten Demotivatoren ist mangelnde Anerkennung. Untersuchungen zeigen auch, dass Menschen, die regelmäßig positives Feedback und Wertschätzung erhalten, mehr Begeisterung für ihre Arbeit empfinden. Führungskräfte, die Anerkennung als „überflüssig" oder „selbstverständlich" ansehen, treiben ihre Mitarbeiter – und oft sich selbst – in die innere Kündigung.

3. Verlust von Autonomie und Entscheidungsfreiheit

Handlungsspielraum ist ein zentraler Faktor für Begeisterung. Wenn ein Unternehmer das Gefühl hat, nur noch reagieren zu können, statt aktiv zu gestalten, führt das zu Frustration. Je mehr Eigenverantwortung und Mitgestaltungsmöglichkeiten gegeben sind, desto höher ist die Begeisterung.

4. Fehlende Herausforderung oder Überforderung

Begeisterung entsteht oft an der Grenze zwischen Komfortzone und Herausforderung. Zu einfache Aufgaben führen zu Langeweile, zu schwierige zu Stress. Studien zeigen, dass ein mittlerer bis hoher Schwierigkeitsgrad, kombiniert mit dem Gefühl, Herausforderungen bewältigen zu können, Begeisterung fördert.

5. Soziale Isolation oder toxische Unternehmenskultur

Menschen sind soziale Wesen. Fehlender Austausch mit inspirierenden Kollegen oder eine Unternehmenskultur, die auf Kontrolle statt Vertrauen basiert, kann Begeisterung im Keim ersticken. Untersuchungen zeigen, dass Unternehmen mit einer offenen, kooperativen Kultur eine höhere Mitarbeitermotivation und Produktivität haben.

6. Fehlende Weiterentwicklungsmöglichkeiten

Begeisterung lebt von Fortschritt. Wer das Gefühl hat, sich nicht mehr weiterentwickeln zu können, verliert langfristig die Motivation. Dabei geht es nicht nur um klassische Karrierewege, sondern auch um das Lernen neuer Fähigkeiten und die persönliche Entwicklung.

Wie lässt sich Begeisterung wiederbeleben?

Die gute Nachricht: Begeisterung ist kein einmaliger Zustand, sondern kann gezielt wiederentdeckt werden. Hier einige bewährte Wege:

1. Den eigenen Sinn neu definieren

Begeisterung entsteht, wenn wir unsere Arbeit als sinnhaft erleben. Unternehmer sollten sich fragen:

- Was hat mich ursprünglich an meiner Arbeit begeistert?
- Welche Werte will ich in meinem Unternehmen leben?
- Welchen Unterschied mache ich mit meiner Arbeit für meine Kunden, Mitarbeiter oder die Gesellschaft?

Oft hilft es, sich bewusst mit diesen Fragen auseinanderzusetzen und den Fokus wieder auf das zu lenken, was wirklich zählt.

2. Mehr Autonomie und Gestaltungsspielraum schaffen

Wer Begeisterung zurückholen will, sollte überprüfen, wo er selbst mehr Kontrolle übernehmen kann. Selbst kleine Entscheidungen – etwa die Neuausrichtung eines Geschäftsbereichs oder die Einführung neuer Prozesse – können das Gefühl der Eigenverantwortung stärken.

3. Sich selbst herausfordern

Begeisterung braucht Herausforderungen. Unternehmer können sich fragen:

- Welche neuen Projekte oder Ideen wollte ich schon immer umsetzen?
- Gibt es eine neue Fähigkeit, die ich lernen möchte?
- Kann ich alte Prozesse oder Geschäftsmodelle hinterfragen und verbessern?

Oft reicht es, ein neues Ziel zu setzen, um frische Energie zu gewinnen.

4. Soziale Beziehungen aktiv pflegen

Unternehmer sind oft isoliert – sei es durch ihre Verantwortung oder durch fehlenden Austausch. Der Kontakt zu Gleichgesinnten, Mentoren oder inspirierenden Persönlichkeiten kann Begeisterung neu entfachen. Netzwerke, Mastermind-Gruppen oder Branchentreffen können wertvolle Impulse liefern.

5. Erfolge bewusst wahrnehmen und feiern

Gerade als Unternehmer sind viele darauf fokussiert, Probleme zu lösen. Doch wer immer nur auf das schaut, was nicht funktioniert, verliert die Freude. Regelmäßige Reflexion und das bewusste Wahrnehmen von Erfolgen – auch kleinen – können helfen, die Begeisterung zu bewahren.

6. Begeisterung zur Priorität machen

Begeisterung ist kein Zufallsprodukt. Unternehmer sollten sich regelmäßig fragen:

- Was gibt mir Energie in meinem Job?
- Welche Tätigkeiten empfinde ich als erfüllend?
- Wie kann ich mehr von dem tun, was mich begeistert?

Ein bewusstes „Begeisterungs-Management" kann langfristig dafür sorgen, dass Arbeit nicht nur erfolgreich, sondern auch erfüllend bleibt.

Begeisterung ist also mehr als eine emotionale Laune – sie ist ein entscheidender Erfolgsfaktor für Unternehmer. Wer sie verloren hat, kann sie wiederfinden, indem er seinen Sinn neu definiert, mehr Gestaltungsspielraum schafft und soziale Verbindungen pflegt. Es braucht keine radikalen Veränderungen – oft reichen kleine Schritte, um das Feuer neu zu entfachen.

Die Frage ist also nicht: **„Ist Begeisterung im Job möglich?"**, sondern: **„Was kann ich heute tun, um sie wiederzuentdecken?"**

Wenn die Flamme erlischt

Erinnerst du dich an den Moment, als du angefangen hast? Als du voller Energie warst, bereit, die Welt zu verändern? Jetzt sitzt du hier – ausgebrannt, müde, leer. Die Tage ziehen an dir vorbei, und selbst die Dinge, die du mal geliebt hast, lassen dich kalt. Dein Unternehmen läuft, du funktionierst, aber innen drin? Da ist nichts mehr.

Die große Frage lautet: Ist das nur eine Phase? Oder steckt etwas Tieferes dahinter?

Lass uns direkt werden. Wenn du dich seit Wochen oder Monaten so fühlst, wenn Erschöpfung nicht mehr mit einem freien Wochenende verschwindet, wenn selbst dein Feierabend oder Urlaub dich nicht mehr auftanken lässt – dann ist es Zeit, genauer hinzusehen.

Burnout oder Depression? Die Wahrheit über das „Modewort"

„Ach, du hast Burnout? Dann mach doch mal Urlaub!" – solche Sprüche kennst du bestimmt. Klingt nach einer schicken Managerkrankheit, nach einem Luxusproblem für Überambitionierte. Falsch. Burnout ist nicht einfach nur „zu viel gearbeitet". Es ist ein schleichender Prozess, der oft mit Perfektionismus, Verantwortungsbewusstsein und einer hohen Identifikation mit der eigenen Arbeit beginnt.

Es ist das Feuer, das irgendwann nicht mehr wärmt, sondern verbrennt. Und jetzt kommt der Knackpunkt: Wenn du dich lange genug ausgebrannt fühlst, kann daraus etwas anderes entstehen – eine Depression. Und die ist nicht mehr nur eine Überlastung. Sie ist eine Krankheit.

Die Unterschiede? Fein – aber entscheidend

Burnout ist in der Regel primär an den Job gebunden. Es ist eine Erschöpfung, die aus deiner Arbeit kommt. Depression? Die betrifft alles. Dein Job, dein Privatleben, deine Beziehungen, deine Hobbys – alles wird grau. Burnout kann mit einem Perspektivwechsel, einer Pause oder einer Neuorganisation verbessert werden. Depression bleibt. Sie sitzt fest, 24/7, egal, ob du arbeitest oder nicht.

Hier sind Alarmsignale, die du nicht ignorieren solltest:

- **Anhaltende Niedergeschlagenheit** – Gefühle von Traurigkeit, Hoffnungslosigkeit oder Leere, die über Wochen anhalten.
- **Interessensverlust** – Kein Spaß mehr an Aktivitäten, die früher Freude bereitet haben. Konzentrationsprobleme – Schwierigkeiten, sich auf Aufgaben zu fokussieren oder Entscheidungen zu treffen.
- **Grübeln & Selbstzweifel** – Ständige negative Gedanken, Schuldgefühle oder Selbstvorwürfe. Zukunftsängste – Gefühl der Ausweglosigkeit oder Überforderung.
- **Suizidgedanken** – Gedanken an den Tod oder daran, nicht mehr leben zu wollen.
- **Erschöpfung & Antriebslosigkeit** – Ständige Müdigkeit, selbst nach ausreichend Schlaf. Schlafprobleme – Entweder Schlaflosigkeit oder übermäßiges Schlafbedürfnis.
- **Veränderter Appetit** – Entweder starke Gewichtszunahme oder -abnahme durch verändertes Essverhalten.
- **Körperliche Beschwerden** – Kopf-, Magen- oder Muskelschmerzen ohne erkennbare Ursache.
- **Innere Unruhe oder Verlangsamung** – Entweder Rastlosigkeit oder das Gefühl, wie gelähmt zu sein.
- **Reizbarkeit** – Geringe Frustrationstoleranz, oft schneller gereizt oder wütend.
- **Gefühl der Gefühllosigkeit** – Emotionale Leere, kein Empfinden von Freude oder Trauer.
- **Selbstwertprobleme** – Starke Selbstkritik oder das Gefühl, nichts wert zu sein.
- **Rückzug** – Weniger Kontakt zu Freunden oder Familie, Vermeidung sozialer Aktivitäten.

- **Verminderte Leistungsfähigkeit** – Schwierigkeiten bei der Arbeit oder im Alltag, weil selbst einfache Aufgaben zu anstrengend erscheinen.

Stärke bedeutet, sich Hilfe zu holen

Das größte Missverständnis? Dass Depression Schwäche sei. Dass nur „Weicheier" oder „nicht belastbare" Menschen davon betroffen sind. Bullshit. Die meisten, die in Depressionen rutschen, sind vorher extrem belastbar gewesen. Sie haben alles gegeben, sich aufgeopfert, nie nachgelassen. Und genau deshalb ist es so gefährlich. Niemand würde einem Marathonläufer sagen: „Hör mal, deine Beinbrüche sind aber auch eine Modeerscheinung. Probier's doch einfach mit positivem Denken." Aber genau das passiert bei Depressionen.

Dein Weg zurück: Brennen, aber nicht verbrennen

Hier ist die gute Nachricht: Es gibt einen Weg zurück. Es gibt Strategien, die funktionieren.

- Erkenne, was Sache ist. Akzeptiere, dass Erschöpfung nicht normal ist.
- Such dir Unterstützung. Ein Coach, ein Therapeut, ein Arzt – irgendjemand, der sich auskennt. z.B. burn-out-muenchen.de, www.burnout-stopp.de
- Ändere dein System. Deine Zeit, deine Arbeitsweise, deine Prioritäten. Dein Job ist es nicht wert, wenn du dabei draufgehst.
- Erlaub dir, Pause zu machen. Eine echte. Nicht „zwei Tage Netflix", sondern eine bewusste Auszeit, um zu reflektieren.

Vergiss nie: Dein Unternehmen lebt von dir. Wenn du ausbrennst, brennt es mit. Die beste Investition, die du heute machen kannst, ist nicht ein neuer Marketing-Plan, sondern ein Check-in mit dir selbst. Es ist Zeit, deine Begeisterung zurückzuholen. Und diesmal so, dass sie bleibt.

5 Kernaussagen für Schnellleser

Erschöpfung ist kein Zeichen von Schwäche, sondern ein Warnsignal. Wenn du dich wochenlang ausgebrannt fühlst, steckt oft mehr dahinter als nur Stress.

Burnout ist arbeitsbezogen, Depression betrifft dein ganzes Leben. Wenn nichts mehr Freude macht – weder Job noch Privatleben – solltest du genau hinsehen.

Burnout entsteht oft schleichend. Wer permanent über seine Grenzen geht, rutscht in eine Spirale aus Frustration, Erschöpfung und Gleichgültigkeit.

Die beste Investition ist nicht mehr Arbeit, sondern Selbstschutz. Regelmäßige Erholung, klare Grenzen und ein nachhaltiges Arbeitsmodell sind essenziell.

Hilfe suchen ist kein Scheitern – es ist der erste Schritt zur Lösung. Ob Coaching, Therapie oder eine berufliche Neuordnung: Es gibt Wege, um wieder Begeisterung zu finden.

Warum plötzlich überall Fachkräfte fehlen und was du wirklich tun kannst

Kürzlich saß ich in einem Restaurant und kam mit einem Mann am Nachbartisch ins Gespräch. Ein echter Macher, Inhaber einer Bau-Schreinerei, die Türen, Fenster und Treppen einbaut. Doch statt stolz auf sein Handwerk zu blicken, war er völlig ausgebrannt. Jeden Tag um 5 Uhr aufstehen, bis 21 Uhr schuften, sieben Tage die Woche. Keine Zeit für die Familie, keine Zeit für sich. Seine Gesundheit? Angeschlagen. Sein Stress? Unfassbar. Und das Schlimmste: Er findet keine Leute. Keine Auszubildenden, keine Mitarbeiter. Dabei gibt es genug Aufträge, eigentlich könnte er wachsen, könnte Arbeit verteilen. Doch er steckt fest.

„Die jungen Leute haben einfach keinen Bock mehr", meinte er resigniert. „Die wollen alle nur noch am Laptop sitzen oder gleich Influencer werden. Und die Bürokratie macht uns den Rest kaputt."

Kommt dir das bekannt vor? Ich höre das oft. Von Handwerkern, Physiotherapeuten, Gastronomen, Pflegekräften. Überall fehlen Fachkräfte. Wirklich überall. In Restaurants hängen Schilder „Wir suchen Verstärkung". Beim Arzt gibt es wochenlange Wartezeiten, weil Personal fehlt. Betriebe schließen nicht wegen fehlender Kunden – sondern weil keiner mehr da ist, der die Arbeit macht. Aber liegt es wirklich daran, dass eine ganze Generation plötzlich arbeitsunwillig ist?

Und ist das einer der Gründe, warum Unternehmer selbst keinen Spass mehr an der Arbeit haben?

Wollen junge Leute nicht mehr arbeiten?

Schauen wir uns die Zahlen an. Studien zeigen, dass junge Menschen keineswegs fauler sind als frühere Generationen. Die durchschnittliche Wochenarbeitszeit ist seit Jahrzehnten stabil. Was sich aber geändert hat, sind die Erwartungen an Arbeit. Junge Leute wollen nicht einfach nur malochen, bis sie umfallen. Sie suchen Sinn. Entwicklungsmöglichkeiten. Eine Balance zwischen Job und Leben. Und wer kann es ihnen verübeln? Die Generation ihrer Eltern hat erlebt, wie jahrzehntelange Plackerei nicht automatisch Wohlstand oder Gesundheit bringt. Viele haben gesehen, wie ihre Väter und Mütter sich abrackerten – nur um irgendwann ausgebrannt oder mit gesundheitlichen Problemen aus dem Job auszuscheiden.

Und dann gibt es noch ein anderes, viel handfesteres Problem: Die schiere Anzahl der Arbeitskräfte. Die Generation der Babyboomer geht in Rente, und es gibt schlicht nicht genug Nachfolger. Selbst wenn alle jungen Leute hochmotiviert wären – es wären immer noch zu wenige. Das ist kein Problem einer faulen Generation, sondern ein demografisches Erdbeben.

Fachkräftemangel: Kein Zufall, sondern oft hausgemacht

Schau dich um. Deine To-do-Liste wächst schneller, als du abarbeiten kannst. Die besten Leute in deinem Team sind überlastet – oder längst weg. Bewerbungen? Fehlanzeige. Stattdessen Absagen oder völlige Funkstille. Willkommen im Zeitalter des Fachkräftemangels. Jetzt die bittere Wahrheit: Das ist kein Schicksal. Kein Naturgesetz. Und vor allem kein kurzfristiges Problem, das sich von selbst erledigt. Wenn du nichts tust, wird es schlimmer. Und zwar viel schneller, als dir lieb ist.

Der Widerspruch ist offensichtlich: Einerseits klagen Unternehmen über Fachkräftemangel, andererseits gibt es immer wieder massive Entlassungswellen in Großkonzernen. Wie passt das zusammen – und warum nutzen viele kleine und mittlere Unternehmen (KMU) diese Situation nicht als Chance? Die Realität ist: Der Arbeitsmarkt ist nicht leer, er ist im Umbruch. Menschen verlieren nicht ihre Arbeitskraft, sondern oft nur den bisherigen Kontext, in dem sie gearbeitet haben. Und genau hier können kleinere Unternehmen ansetzen.

Viele Fachkräfte, die aus Großunternehmen ausscheiden, suchen keinen neuen Konzern, sondern eine sinnvolle, stabile und wertschätzende Aufgabe. Sie haben Erfahrung, bringen Fähigkeiten mit – aber oft in einem anderen Bereich als dem, in dem KMU üblicherweise suchen. Das Problem? Viele Mittelständler haben sich so auf die Suche nach der „perfekten" Fachkraft versteift, dass sie übersehen:

- **Menschen sind lernfähig.** Mit gezielter Qualifizierung lassen sich Branchenwechsel meistern.
- **Großunternehmen sind nicht für jeden ideal.** Manche Menschen suchen bewusst kleinere, flexiblere Strukturen.
- **Motivation schlägt reine Qualifikation.** Jemand mit Lernbereitschaft und Begeisterung kann oft viel wertvoller sein als jemand, der „fertig ausgebildet" ist, aber wenig Engagement mitbringt.

Die Welt hat sich verändert. Ja. Aber die Frage ist nicht, ob das gut oder schlecht ist. Die Frage ist, was du daraus machst. Wer bereit ist, sich anzupassen, wer moderne Wege geht, wer seine Arbeit attraktiv macht, wird keine Personalprobleme haben. Wer weiter nur schimpft, wird irgendwann alleine dastehen. Also: Was machst du draus?

Warum keiner mehr für dich arbeiten will

Es gibt viele Erklärungen für den Fachkräftemangel. Doch in Wirklichkeit sind es nur vier große Baustellen, die uns das Genick brechen:

- **Technologischer Fortschritt** – und ein Bildungssystem aus dem letzten Jahrhundert KI, Automatisierung, neue Geschäftsmodelle – die Welt dreht sich schneller, aber unser Bildungssystem bleibt stehen. Die Folge? Unternehmen suchen Fähigkeiten, die Schulen und Unis nicht liefern. Wer heute einen Abschluss macht, ist oft schon morgen nicht mehr qualifiziert.
- **Demografischer Wandel** – der Fachkräfteschwund ist programmiert Die Babyboomer gehen in Rente. Jedes Jahr verlassen Hunderttausende den Arbeitsmarkt – und es kommen zu wenige nach. Besonders KMU spüren das: Die Leute, die dein Unternehmen früher aufgebaut haben, verschwinden. Nachwuchs? Fehlanzeige.
- **Falsche Anreize** – wo sind die jungen Talente? Handwerk, Pflege, Industrie – genau dort, wo Menschen fehlen, gehen die wenigsten hin. Warum? Weil die Jobs schlecht bezahlt, schlecht angesehen oder schlicht unattraktiv sind. Gleichzeitig lockt die Tech-Branche mit hohen Gehältern und Homeoffice.
- **Globale Konkurrenz**– Deutschland verliert den Kampf um Talente Während wir noch über Bürokratie, Visa-Probleme und integrationsfeindliche Politik diskutieren, wandern kluge Köpfe in Länder ab, die sie mit offenen Armen empfangen. Deutschland? Zu kompliziert, zu teuer, zu unattraktiv.

Einfach weiter jammern – oder etwas verändern?

Wenn du ein Unternehmen hast, das von praktischer Arbeit lebt – sei es eine Schreinerei, eine Autowerkstatt oder eine Physiotherapiepraxis –, dann hast du genau zwei Möglichkeiten:

- Du kannst weiter lamentieren, dass die Welt sich verändert hat.
- Oder du kannst diese Veränderungen für dich nutzen.

Wer heute erfolgreich Leute findet, macht drei Dinge anders:

- Sie machen sich sichtbar. Niemand bewirbt sich auf einen Job, von dem er nichts weiß. Junge Menschen suchen nicht in der Zeitung nach Lehrstellen, sondern auf LinkedIn, Instagram, TikTok oder YouTube. Zeigst du dort, wie cool deine Arbeit wirklich ist? Oder sieht dein Betrieb noch genauso aus wie vor 20 Jahren?
- Sie bieten das, was junge Leute suchen. Geld ist wichtig – aber nicht alles. Wenn dein Job nur „schuften, schlucken, still sein" bedeutet, dann ist es kein Wunder, wenn sich keiner bewirbt. Bietest du Perspektiven? Entwicklungsmöglichkeiten? Eine Arbeitskultur, die nicht auf Verschleiß läuft?
- Sie denken um. Früher war klar: Lehrling schuftet, Meister befiehlt. Heute funktioniert das nicht mehr. Wer Leute haben will, muss sie auch als Menschen ernst nehmen. Die Zeiten der autoritären Chef-Kultur sind vorbei. Die besten Unternehmen setzen auf Eigenverantwortung, Teamarbeit und Wertschätzung – und haben dadurch nicht nur zufriedene Mitarbeiter, sondern auch selbst weniger Stress.

Und jetzt: Action

Jetzt die gute Nachricht: Es gibt Lösungen. Aber sie erfordern Mut, Veränderung und das Überwinden alter Denkmuster.

- Investiere in dein Team, nicht nur in Stellenanzeigen. Statt nach der „perfekten" Fachkraft zu suchen, entwickle sie selbst. Interne Weiterbildungen, Umschulungen und klare Karrierewege machen dein Unternehmen zum Magneten für Talente.
- Flexibilität ist nicht nett – sie ist überlebenswichtig. Nine-to-five? Schnee von gestern. Wer Top-Leute will, muss ihnen Freiraum geben. Hybrides Arbeiten, flexible Stundenmodelle, individuelle Lösungen. Wer das nicht anbietet, verliert den Wettbewerb um die besten Köpfe.
- Bau dir dein eigenes Nachwuchsprogramm. Hör auf zu warten, dass Unis oder Politik das Problem lösen. Kooperiere mit Schulen, biete duale Studiengänge, bezahlte Praktika oder Trainee-Programme an. Fang junge Talente ab, bevor sie zur Konkurrenz gehen.
- Arbeitgebermarke ist kein Buzzword – sie entscheidet über deine Zukunft. Gute Leute können sich ihren Arbeitgeber aussuchen. Warum sollten sie ausgerechnet zu dir kommen? Zeig, warum du besonders bist. Werte, Sinn, Unternehmenskultur – wenn du das nicht klar kommunizierst, bist du unsichtbar.
- Denk international – oder geh unter. Die Zeiten, in denen du nur vor der eigenen Haustür suchst, sind vorbei. Fachkräfte gibt es – nur nicht unbedingt in Deutschland. Nutze internationale Netzwerke, biete Remote-Arbeitsplätze an, vereinfache Onboarding-Prozesse.

Fachkräftemangel? Oft ein Unternehmermangel

Das Kernproblem ist nicht, dass es zu wenig Fachkräfte gibt. Das stimmt ntürlich auch. Aber es gibt auch zu wenige Unternehmen, die bereit sind, sich zu verändern. Die besten Talente werden nicht zu denen gehen, die am lautesten jammern, sondern zu denen, die die besten Bedingungen schaffen. Die Frage ist: Willst du zu den Unternehmen gehören, die scheitern – oder zu denen, die gewinnen?

5 Kernaussagen für Schnellleser

Der Fachkräftemangel ist oft hausgemacht. Überalterung, falsche Anreize und ein veraltetes Bildungssystem sorgen für leere Bewerbermappen.

Junge Talente suchen anders – und finden dich nicht, wenn du unsichtbar bist. Wer nicht auf LinkedIn, TikTok oder Instagram zeigt, wie cool sein Job ist, verliert den Nachwuchs.

Arbeiten muss sich lohnen – nicht nur finanziell. Entwicklungsmöglichkeiten, Flexibilität und Wertschätzung sind entscheidender als ein paar Euro mehr.

Unternehmen müssen umdenken: Vom Befehlsempfänger zum eigenverantwortlichen Teammitglied. Wer Mitarbeitende nur als austauschbare Ressourcen sieht, wird sie bald nicht mehr haben.

Stillstand ist tödlich – wer nicht aktiv um Talente kämpft, geht unter. Die besten Unternehmen investieren in Weiterbildung, Employer Branding und internationale Rekrutierung.

Bürokratie überleben – Survival für Unternehmer

Bürokratie ist für viele Unternehmer wie ein unsichtbarer Feind: Sie hält sie vom eigentlichen Geschäft ab, frisst Zeit und sorgt für Frust. Laut einer IfM-Studie zählt mehr als die Hälfte der deutschen Unternehmen zu den „Verdrossenen" – sie fühlen sich durch Vorschriften überfordert, sehen den Nutzen nicht mehr und versuchen oft, Bürokratie eigenständig abzubauen. Doch Vermeidung ist keine Lösung. Wer in der Praxis erfolgreich bleibt, braucht eine Strategie, um mit bürokratischen Hürden umzugehen, statt daran zu verzweifeln.

Die Welt hat sich verändert. Ja. Aber die Frage ist nicht, ob das gut oder schlecht ist. Die Frage ist, was du daraus machst. Wer bereit ist, sich anzupassen, wer moderne Wege geht, wer seine Arbeit attraktiv macht, wird keine Personalprobleme haben. Wer weiter nur schimpft, wird irgendwann alleine dastehen. Also: Was machst du draus?

- Von der Last zur Routine: Klare Strukturen schaffen Wer morgens im Chaos versinkt, hat mittags keine Lust mehr aufs Geschäft. Deshalb ist Ordnung die erste Regel für Unternehmer, die Bürokratie überleben wollen. Digitale Buchhaltungstools wie Lexoffice oder SevDesk ersetzen Zettelwirtschaft, Checklisten verhindern, dass Fristen verpasst werden. Wer sich einmal im Monat gezielt Zeit für Bürokratie nimmt, behält die Kontrolle.
- Der Steuer-Dschungel: Wege zur Vereinfachung Steuern sind komplex, aber nicht unbesiegbar. Unternehmer sollten prüfen, ob die Kleinunternehmerregelung für sie Sinn ergibt, um Umsatzsteuervoranmeldungen zu vermeiden. Wer über den Tisch des Finanzamts schaut, erkennt schnell, dass viele Pflichten mit Tools automatisierbar sind – KI-Steuerberater sind ein Gamechanger.
- Behörden-Hürden meistern: Besser clever als genervt Viele Selbstständige empfinden Behördengänge als zeitraubend – zu Recht! Aber die meisten Anträge lassen sich inzwischen digital einreichen. Wer sich mit ELSTER, Gewerbeportalen und Online-Diensten der IHK vertraut macht, spart Stunden. Noch besser: Wer feste Ansprechpartner bei Behörden hat, kann Fristen und Vorschriften effizienter managen.
- Bürokratie delegieren: Warum du nicht alles selbst machen musst Jedes Formular, das du nicht selbst ausfüllen musst, ist ein Gewinn. Automatisierte Rechnungsstellung, virtuelle Assistenten oder Freelancer übernehmen lästige Aufgaben – und du kannst dich auf dein Kerngeschäft konzentrieren.

- Haltung zählt: Akzeptieren, dass Bürokratie ein Spiel ist Regeln ändern sich ständig – wer darauf wartet, dass Bürokratie „einfacher wird", wird enttäuscht. Wer jedoch lernt, die Spielregeln zu durchschauen und für sich zu nutzen, gewinnt Zeit, Energie und Freude an seiner Arbeit zurück. Bürokratie ist kein unüberwindbares Hindernis – sie ist eine Herausforderung, die gemeistert werden kann.

5 Kernaussagen für Schnellleser

Bürokratie ist keine Naturgewalt – aber sie bleibt. Anstatt sich zu beklagen, sollten Unternehmer lernen, damit umzugehen und Prozesse zu optimieren.

Ordnung spart Zeit und Nerven. Digitale Buchhaltung, Checklisten und feste Bürokratie-Termine helfen, den Papierkram zu minimieren.

Nutze die digitalen Möglichkeiten! Viele Behördengänge lassen sich online erledigen – wer das nicht nutzt, verliert wertvolle Zeit.

Delegieren statt durchdrehen. Steuerberater, virtuelle Assistenten und Automatisierungstools übernehmen Aufgaben, die dich ausbremsen.

Bürokratie ist ein Spiel – lerne die Regeln und nutze sie zu deinem Vorteil. Wer Prozesse versteht, kann sie vereinfachen, Fristen clever managen und wieder mehr Zeit fürs Wesentliche haben.

Kapitel 1:
Mehr Begeisterung wagen

Die Bedeutung von Begeisterung im Business

Die Begeisterung im Business ist nicht nur ein Gefühl, sondern ein entscheidender Faktor für den langfristigen Erfolg eines Unternehmens. Sie ist der Motor, der Kreativität und Innovation antreibt, und sie hat die Kraft, sowohl Mitarbeiter als auch Kunden zu inspirieren. Wenn Inhaber und Geschäftsführer kleiner und mittlerer Unternehmen ihre Leidenschaft für das, was sie tun, zurückgewinnen, können sie nicht nur ihre eigene Motivation steigern, sondern auch die ihrer Mitarbeiter und die Zufriedenheit ihrer Kunden. Begeisterung schafft eine positive Unternehmenskultur, die dazu beiträgt, Talente zu gewinnen und langfristig zu binden.

Ein wichtiger Aspekt der Begeisterung im Business ist die Fähigkeit, Herausforderungen mit einer positiven Einstellung zu begegnen. Selbständige und kleine Unternehmer sehen sich oft mit zahlreichen Hürden konfrontiert, sei es in Form von finanziellen Engpässen, Marktveränderungen oder der Notwendigkeit, sich ständig weiterzuentwickeln. Wenn sie jedoch die Begeisterung für ihre Vision und ihre Ziele zurückgewinnen, sind sie besser in der Lage, diese Herausforderungen zu meistern. Die Leidenschaft, die sie für ihr Unternehmen empfinden, kann sie dazu inspirieren, neue Lösungen zu finden und Risiken einzugehen, die letztendlich zu ihrem Wachstum beitragen.

Ein weiterer bedeutender Punkt ist die Wirkung von Begeisterung auf die Kundenbeziehungen. Kunden spüren, wenn sie mit einem Unternehmen interagieren, das mit Leidenschaft geführt wird. Die Authentizität und Begeisterung eines Unternehmens ziehen Kunden an und fördern Loyalität. Wenn Unternehmer ihre Begeisterung für ihre Produkte oder Dienstleistungen zum Ausdruck bringen, schaffen sie eine emotionale Bindung zu ihren Kunden. Diese Bindung ist oft der Schlüssel zu wiederholtem Geschäft und positiven Mundpropaganda, die in der heutigen Zeit von unschätzbarem Wert ist.

Darüber hinaus beeinflusst Begeisterung auch die Teamdynamik. Ein begeistertes Team arbeitet nicht nur effizienter, sondern ist auch kreativer und engagierter. Wenn Mitarbeiter das Gefühl haben, dass ihre Führungskräfte für ihre Vision brennen, sind sie eher bereit, über sich hinauszuwachsen und ihren Teil zum Erfolg des Unternehmens beizutragen. Durch die Schaffung einer Umgebung, in der Begeisterung gefördert wird, können Unternehmer ein starkes Gemeinschaftsgefühl entwickeln, das die Zusammenarbeit und den Austausch von Ideen anregt.

Abschließend lässt sich sagen, dass die Rückgewinnung von Begeisterung ein wesentlicher Schritt für Selbständige und Geschäftsführer ist, die ihr Business neu denken möchten. Indem sie ihre Leidenschaft wiederentdecken und weitergeben, können sie nicht nur ihr eigenes Wohlbefinden steigern, sondern auch ein positives Umfeld schaffen, das sowohl Mitarbeiter als auch Kunden inspiriert. Begeisterung ist der Schlüssel zu einem leichteren und erfolgreicheren Geschäftsbetrieb, der nicht nur auf Zahlen basiert, sondern auch auf Freude und Erfüllung.

5 Kernaussagen für Schnellleser

Begeisterung ist der Schlüssel zum langfristigen Erfolg. Sie treibt Kreativität und Innovation an und inspiriert sowohl Mitarbeiter als auch Kunden.

Mit Begeisterung lassen sich Herausforderungen besser meistern. Wer seine Leidenschaft für das eigene Business zurückgewinnt, findet leichter Lösungen für Marktveränderungen und Engpässe.

Authentische Begeisterung stärkt Kundenbeziehungen. Kunden spüren, wenn ein Unternehmen mit Leidenschaft geführt wird, was Loyalität und Weiterempfehlungen fördert.

Ein begeistertes Team ist engagierter und kreativer. Mitarbeiter lassen sich von der Leidenschaft ihrer Führungskräfte anstecken und arbeiten motivierter.

Begeisterung schafft ein erfülltes und erfolgreiches Business. Sie sorgt nicht nur für wirtschaftlichen Erfolg, sondern auch für Freude, Leichtigkeit und Sinnhaftigkeit im Unternehmertum.

Die ersten Schritte zur Selbstreflexion

In der Hektik des Alltags verlieren viele Unternehmer den Blick für das Wesentliche. Sie sind so in ihre täglichen Aufgaben vertieft, dass sie vergessen, innezuhalten und sich selbst zu hinterfragen. Selbstreflexion eröffnet die Möglichkeit, sich von Ballast zu befreien und die eigene Begeisterung zurückzugewinnen. Der erste Schritt besteht darin, sich Zeit zu nehmen und einen ruhigen Raum zu schaffen, in dem Gedanken und Gefühle ohne Ablenkungen fließen können.

Eine wirkungsvolle Methode zur Selbstreflexion ist das Führen eines Journals. Nimm dir täglich ein paar Minuten Zeit, um deine Gedanken aufzuschreiben. Frage dich: Was hat mich heute begeistert? Was hat mich frustriert? Welche Entscheidungen haben zu positiven oder negativen Ergebnissen geführt? Durch diese regelmäßige Praxis entwickelst du ein besseres Bewusstsein für deine Emotionen und Reaktionen. Mit der Zeit wirst du Muster erkennen, die dir helfen, deine Motivationen und Herausforderungen klarer zu verstehen.

Ein weiterer wichtiger Aspekt der Selbstreflexion ist das Einholen von Feedback. Nutze die Perspektiven deiner Mitarbeiter, Kunden und Kollegen, um zu erkennen, wie dein Verhalten und deine Entscheidungen wahrgenommen werden. Frage gezielt nach konstruktivem Feedback und nimm es ernst. Oft liefern dir diese Rückmeldungen neue Einsichten und helfen dir, blinde Flecken zu identifizieren, die du selbst möglicherweise übersehen hast.

Zudem ist es wichtig, sich regelmäßig Zeit für die persönliche Vision zu nehmen. Stelle dir Fragen wie: Was ist meine langfristige Vision für mein Unternehmen? Was sind meine Werte, und wie spiegeln sie sich in meinem täglichen Handeln wider? Diese Fragen helfen dir, deine Ziele neu zu definieren und deine Begeisterung für das, was du tust, wiederzubeleben. Eine klare Vision gibt dir die Richtung vor und motiviert dich, auch in schwierigen Zeiten am Ball zu bleiben.

Abschließend ist Selbstreflexion ein fortlaufender Prozess, der Geduld und Engagement erfordert. Sieh es als eine wertvolle Investition in dich selbst und dein Unternehmen. Je mehr du dich mit deinen eigenen Gedanken und Gefühlen auseinandersetzt, desto leichter wirst du Herausforderungen meistern und deine Begeisterung zurückgewinnen. Lass die ersten Schritte zur Selbstreflexion der Beginn einer neuen, inspirierenden Reise sein, auf der du dein Business mit frischem Elan gestaltest.

5 Kernaussagen für Schnellleser

Selbstreflexion hilft, den eigenen Weg neu zu gestalten. In der Hektik des Alltags verlieren viele Unternehmer den Fokus – innehalten und reflektieren bringt Klarheit.

Ein Journal ist eine einfache und wirkungsvolle Methode. Regelmäßiges Aufschreiben von Gedanken und Erlebnissen hilft, Muster zu erkennen und Emotionen besser zu verstehen.

Feedback von anderen zeigt blinde Flecken auf. Ehrliche Rückmeldungen von Mitarbeitern, Kunden und Kollegen liefern wertvolle Einsichten für persönliches Wachstum.

Eine klare Vision gibt Orientierung und Motivation. Wer sich regelmäßig fragt, wohin er will und welche Werte ihn leiten, bleibt auch in schwierigen Zeiten fokussiert.

Selbstreflexion ist ein kontinuierlicher Prozess. Wer sich bewusst mit seinen Gedanken und Gefühlen auseinandersetzt, meistert Herausforderungen leichter und gewinnt neue Begeisterung.

Wo stehst du gerade?

Warum sich Selbstständige oft selbst im Weg stehen

Viele Selbstständige starten voller Begeisterung. Sie haben eine klare Idee, warum sie tun, was sie tun, und genießen es, unabhängig zu arbeiten. Doch mit der Zeit schleichen sich Routine, Stress und Überlastung ein. Aufgaben, die ursprünglich aufregend waren, fühlen sich plötzlich wie eine Last an. Woran liegt das?

✔ Zu viele unterschiedliche Rollen: Vom kreativen Visionär zur Buchhaltung, vom Vertrieb zum Kundenservice – die Anforderungen sind enorm.

✔ Zu viel „Ja" gesagt: Viele Selbstständige nehmen jede Anfrage an und bemerken erst später, dass sie sich damit überladen haben.

✔ Keine klare Strategie: Das Geschäft wächst irgendwie – aber nicht immer in die richtige Richtung.

✔ Keine Zeit für Reflexion: Man steckt so tief im Tagesgeschäft, dass kaum Raum bleibt, um innezuhalten und sich zu fragen: Mache ich eigentlich noch das, was ich liebe?

Bevor du eine Veränderung anstößt, ist es wichtig, erst einmal genau zu verstehen, wo du stehst und was dich möglicherweise blockiert.

Dein persönlicher Business-Check in 10 Minuten

(Bewerte jeden Punkt auf einer Skala von 0 bis 10: 0 = gar nicht zutreffend, 10 = perfekt aufgestellt.)

Schritt 1: Gehe die Checkliste durch und bewerte jede Aussage auf einer Skala von 0 bis 10.

Schritt 2: Notiere dir die drei Bereiche, in denen du am schlechtesten abschneidest.

Schritt 3: Markiere die drei wichtigsten Punkte, die du vorrangig verbessern möchtest.

Schritt 4: Überlege dir einen ersten kleinen Schritt, den du in dieser Woche unternehmen kannst, um einen dieser Bereiche zu optimieren.

Unternehmensführung & Work-Life-Balance

- Ich habe eine klare Vision für mein Business und meine persönliche Zukunft.
- Ich kann meine Arbeitszeit flexibel gestalten und habe eine gesunde Work-Life-Balance.
- Meine Unternehmensstrategie ist klar definiert und ich setze mir messbare Ziele.
- Ich habe feste Routinen und Strukturen, die mir helfen, produktiv zu bleiben.
- Ich investiere regelmäßig in meine persönliche Weiterentwicklung und unternehmerischen Fähigkeiten.

Logistik

- Meine Lieferketten und Transportwege sind zuverlässig und gut organisiert.
- Ich habe eine effiziente Lagerverwaltung und verliere keine Zeit durch Suchaufwand.
- Meine Bestellungen und Materialbeschaffung erfolgen planvoll und just-in-time.
- Ich nutze digitale Tools oder Automatisierung zur Optimierung meiner Logistikprozesse.
- Meine Lieferzeiten sind stabil und meine Kunden erhalten ihre Produkte/Dienstleistungen termingerecht.

Vertrieb

- Ich habe eine klare Zielgruppe definiert und weiß genau, wen ich anspreche.
- Mein Vertrieb funktioniert gut und ich gewinne regelmäßig neue Kunden.
- Ich habe eine funktionierende Strategie zur Kundenbindung und -pflege.
- Meine Preise sind marktgerecht und ich kann meine Leistungen ohne große Preisverhandlungen verkaufen.
- Ich nutze digitale oder automatisierte Prozesse, um Anfragen und Verkäufe effizienter zu gestalten.

Personalwesen

- Mein Team oder meine Freelancer sind motiviert und arbeiten effizient.
- Ich habe klare Prozesse für die Rekrutierung, Einarbeitung und Weiterbildung von Mitarbeitern.
- Ich gebe regelmäßig Feedback und erhalte auch konstruktive Rückmeldungen von meinen Mitarbeitern oder Partnern.
- Ich bezahle faire, marktgerechte Honorare oder Gehälter und sorge für eine gute Zusammenarbeit.
- Die Arbeitsbelastung in meinem Unternehmen ist fair verteilt und niemand fühlt sich dauerhaft überlastet.

Produktion / Transformation

- Meine Produktions- oder Dienstleistungsprozesse sind effizient und gut organisiert.
- Ich kann flexibel auf Kundenwünsche oder Marktveränderungen reagieren.
- Die Qualität meiner Produkte/Dienstleistungen ist konstant hoch und wird regelmäßig überprüft.
- Ich nutze digitale Lösungen oder Automatisierung, um meine Prozesse zu verbessern.
- Ich habe eine klare Strategie zur Skalierung oder Optimierung meines Angebots.

Einkauf / Lagerung

- Ich habe verlässliche Lieferanten und eine gute Einkaufsstrategie.
- Meine Material- oder Warenbestände sind optimal organisiert, ohne Überbestände oder Engpässe.
- Ich verhandle regelmäßig mit Lieferanten, um die besten Konditionen zu erhalten.
- Ich habe transparente und optimierte Einkaufsprozesse, die wenig Zeit in Anspruch nehmen.
- Ich überprüfe regelmäßig, ob ich meine Einkaufskosten weiter optimieren kann.

Recht, Compliance und Sicherheit

- Meine Geschäftsverträge sind rechtssicher und ich lasse sie regelmäßig prüfen.
- Ich halte alle gesetzlichen Vorschriften (Datenschutz, Steuern, Arbeitsrecht etc.) problemlos ein.
- Ich habe klare Sicherheitsmaßnahmen für meine IT und Unternehmensdaten.
- Ich bin gegen zentrale Geschäftsrisiken ausreichend versichert.
- Ich überprüfe regelmäßig, ob neue rechtliche Anforderungen auf mein Business zutreffen.

Entsorgung, Recycling und Reinigung

- Ich habe nachhaltige Strategien zur Abfallvermeidung und Recycling in meinem Unternehmen.
- Meine Geschäftsräume/Büro/Produktionsstätten sind sauber und gut organisiert.
- Ich nutze umweltfreundliche Materialien und versuche, meinen ökologischen Fußabdruck zu minimieren.
- Ich arbeite mit umweltbewussten Lieferanten und Partnern zusammen.
- Ich überprüfe regelmäßig, wie ich meine Entsorgungs- und Reinigungsprozesse optimieren kann.

Finanzen, Buchhaltung und Controlling

- Ich habe einen klaren Überblick über meine Einnahmen, Ausgaben und Gewinne.
- Meine Buchhaltung ist gut organisiert und ich halte meine steuerlichen Verpflichtungen problemlos ein.
- Ich habe finanzielle Rücklagen, um schwierige Monate oder unerwartete Ausgaben abzufedern.
- Meine Preise sind so kalkuliert, dass ich nachhaltig profitabel arbeiten kann.
- Ich überprüfe regelmäßig meine Fixkosten und suche nach Optimierungsmöglichkeiten.

Wissen und Informationen / IT

- Meine IT-Systeme sind stabil und ich habe keine häufigen technischen Probleme.
- Ich habe klare Prozesse zur Datensicherung und schütze sensible Kunden- oder Unternehmensdaten.
- Ich nutze digitale Tools, um meine Arbeit effizienter zu machen.
- Ich bilde mich regelmäßig in digitalen Themen weiter, um auf dem neuesten Stand zu bleiben.
- Ich überprüfe regelmäßig, ob es neue Technologien gibt, die mein Business optimieren könnten.

Strategie & Marketing

- Ich habe eine klare Positionierung und meine Kunden verstehen, was mich einzigartig macht.
- Meine Marketingmaßnahmen bringen mir regelmäßig neue Anfragen oder Verkäufe.
- Ich nutze die richtigen Kanäle (z. B. Social Media, Website, Netzwerk), um meine Zielgruppe zu erreichen.
- Ich überprüfe regelmäßig meine Marketingstrategie und passe sie an neue Markttrends an.
- Ich teste regelmäßig neue Ansätze, um meine Reichweite und Sichtbarkeit zu erhöhen.

Forschung & Entwicklung / Innovation

- Ich analysiere regelmäßig Markt- und Kundenbedürfnisse, um mein Angebot weiterzuentwickeln.
- Ich bin offen für neue Ideen und teste regelmäßig Innovationen in meinem Business.
- Ich hole aktiv Feedback von Kunden ein, um meine Produkte/Dienstleistungen zu verbessern.
- Ich investiere bewusst Zeit oder Geld in die Weiterentwicklung meines Unternehmens.
- Ich überprüfe regelmäßig, ob ich neue Technologien oder Trends für mein Business nutzen kann.

Wenn du deine Checkliste durchgehst, kann es passieren, dass du plötzlich überall Baustellen siehst. Der erste Impuls: Sofort loslegen und alles gleichzeitig angehen. Doch genau das führt oft in die Überforderung. Statt in hektische Aktivität zu verfallen, hilft es, einen Schritt zurückzutreten und mit klarem Blick vorzugehen. Nicht alles, was klemmt, muss sofort repariert werden – entscheidend ist, an der richtigen Stelle anzusetzen.

Der Frankfurter Systemwissenschaftler **Wolfgang Mewes** hat mit seinem Konzept der **Engpasskonzentrierten Strategie (EKS)** ein Prinzip entwickelt, das genau dabei hilft. Der Kern dieser Strategie ist einfach: Wenn du den zentralen Engpass löst, lösen sich viele andere Probleme oft von selbst. Es geht nicht darum, jedes Problem isoliert zu betrachten, sondern zu erkennen, wo die größte Blockade liegt – denn genau dort setzt der Hebel an, der den größten Fortschritt ermöglicht.

Oft liegt der entscheidende Engpass auf einer höheren Ebene als gedacht. Viele Unternehmer kämpfen mit finanziellen oder technischen Schwierigkeiten, aber die eigentliche Ursache kann strategischer Natur sein. Wer eine unklare Positionierung hat, wird immer wieder mit Kundenmangel kämpfen. Wer seine internen Abläufe nicht sauber strukturiert, verliert Zeit und Produktivität – was dann wiederum finanzielle Folgen hat. Deshalb lohnt es sich, Probleme nicht nur in ihrer direkten Auswirkung zu betrachten, sondern sie eine Ebene höher zu hinterfragen. Was fehlt wirklich? Ist es eine fehlende Strategie, eine ungeklärte Positionierung oder ein Engpass in den eigenen Ressourcen?

Sobald der Engpass identifiziert ist, geht es darum, klug zu priorisieren. Statt unzählige Maßnahmen gleichzeitig anzustoßen, führt der größte Erfolg über gezielte Entscheidungen. Das **Pareto-Prinzip** kann dabei helfen: Oft sind es 20 Prozent der Anstrengungen, die 80 Prozent der Ergebnisse bringen. Wer sich auf die richtigen Punkte fokussiert, spart nicht nur Energie, sondern kommt auch schneller ans Ziel.

Statt also in alle Richtungen zu rennen, geht es darum, in die richtige Richtung zu gehen. Mit einem klaren Fokus wird aus einem Problemberg ein machbarer Weg. Und genau das führt dazu, dass nicht nur das Business wieder in Schwung kommt – sondern auch die Begeisterung zurückkehrt, die am Anfang einmal da war.

Mehr als Business: Wie geht es DIR wirklich?

Erfolg im Business ist großartig – aber wie sieht es mit deinem persönlichen Wohlbefinden aus? Manchmal sind es nicht nur geschäftliche Herausforderungen, die uns Energie rauben, sondern auch private Themen, die leise im Hintergrund wirken. Vielleicht spürst du, dass du dir selbst oder den Menschen in deinem Leben nicht genug Zeit widmest. Vielleicht gibt es Beziehungen, die mehr Aufmerksamkeit brauchen, oder du merkst, dass du deine eigenen Bedürfnisse zu oft hinten anstellst.

Diese Checkliste hilft dir, dich selbst einmal bewusst zu reflektieren. Ohne Druck, ohne Bewertung – einfach als ehrlicher Blick auf das, was dich stärkt und das, was noch wachsen darf.

Gehe die folgenden fünf Bereiche durch und überprüfe, wo du dich bereits wohlfühlst und wo du etwas verändern möchtest.
Nutze eine Skala von **0 bis 10** (0 = trifft gar nicht zu, 10 = trifft voll und ganz zu), um für dich herauszufinden, welche Bereiche gut laufen und wo du dir mehr Leichtigkeit, Freude oder Klarheit wünschst.

Familie, Beziehungen & Werte

- Ich habe eine stärkende, liebevolle Beziehung.
- Ich habe ein gutes Verhältnis zu meinen Eltern und Kindern.
- Mein Umfeld unterstützt mich und nimmt mich an, wie ich bin.
- Ich habe wirklich gute Freunde und fühle mich nicht allein.
- Ich lebe nach meinen eigenen Werten und schade weder mir noch anderen.

Beruf & Berufung

- Ich kenne und lebe meine Berufung.
- Ich liebe das, was ich täglich tue.
- Ich habe eine klare berufliche Positionierung und ein stimmiges Profil.
- Ich fühle mich nicht ausgebrannt und gehe achtsam mit meiner Energie um.
- Die Qualität meiner Arbeit ist spitze, und ich bin stolz darauf.

Wohnsituation & Freizeit

- Der Ort, an dem ich lebe, gefällt mir und gibt mir Kraft.
- Mein Zuhause ist sauber, aufgeräumt und schafft eine gute Atmosphäre.
- Ich nehme mir bewusst Zeit für Erholung und Freizeit.
- Ich habe ein Hobby, das mich erfüllt und mir Freude bereitet.
- Ich genieße das Leben mit allen Sinnen und kenne keinen Freizeitstress.

Finanzielle Situation & Potenzial

- Ich habe keine Konsumschulden und zahle Rechnungen sofort.
- Mein Einkommen ist stabil und ermöglicht mir finanzielle Unabhängigkeit.
- Ich habe eine gute Finanzplanung und weiß, wo ich stehe.
- Ich kenne meine persönlichen Stärken und entwickle sie gezielt weiter.
- Ich kann mich gut durchsetzen und erreiche meine Ziele.

Gesundheit & Wohlbefinden

- Ich bewege mich ausreichend und sorge für meine körperliche Fitness.
- Ich schlafe gut und fühle mich morgens ausgeruht.
- Ich ernähre mich ausgewogen und gesund.
- Ich bin nicht abhängig von Alkohol, Nikotin oder anderen Substanzen.
- Ich bin insgesamt ausgeglichen, fit und zufrieden mit mir selbst.

Sanfte Veränderung statt hektischer Aktionismus

Vielleicht zeigt dir diese Übung, dass es Bereiche gibt, in denen du unzufrieden bist – das ist völlig normal. Doch anstatt jetzt alles auf einmal ändern zu wollen, lade ich dich ein, **kleine, bewusste Schritte zu gehen**. Beziehungen verbessern sich nicht durch große Umwälzungen, sondern oft durch kleine, liebevolle Gesten. Ein bewusstes Gespräch, eine halbe Stunde mehr gemeinsame Zeit, eine Nachricht, die von Herzen kommt. Auch in anderen Bereichen macht oft eine **sanfte Kurskorrektur** den Unterschied: Ein kleines Ritual am Morgen, um bewusster in den Tag zu starten, eine klare Grenze, um mehr Raum für dich selbst zu schaffen, ein erster Schritt in eine Richtung, die sich besser anfühlt.

Du musst nicht alles auf einmal verändern – oft reicht es, einen Anfang zu machen. Sei dabei geduldig mit dir selbst. Jeder Schritt zählt. Und je mehr du dich selbst stärkst, desto mehr Energie und Freude wirst du auch in dein Business zurückbringen.

Kapitel 2: Ballast abwerfen

Identifikation von überflüssigen Verpflichtungen

Die Identifikation von überflüssigen Verpflichtungen ist ein entscheidender Schritt auf dem Weg zu mehr Leichtigkeit und Begeisterung in deinem Business. Oftmals sind wir so in unsere täglichen Aufgaben und Verpflichtungen vertieft, dass wir nicht erkennen, wie viele von ihnen uns eigentlich belasten. Es ist an der Zeit, innezuhalten und einen klaren Blick auf das zu werfen, was wirklich wichtig ist. Die Frage, die du dir stellen solltest, lautet: Welche Aufgaben und Verpflichtungen tragen tatsächlich zu meinem Erfolg bei, und welche sind nur zusätzlicher Ballast?

Beginne damit, eine vollständige Liste deiner aktuellen Verpflichtungen zu erstellen. Hierzu zählen nicht nur die direkten Aufgaben in deinem Unternehmen, sondern auch externe Verpflichtungen, wie beispielsweise Mitgliedschaften in Verbänden oder regelmäßige Meetings, die dir nicht den gewünschten Mehrwert bringen. Dieser Prozess der Bestandsaufnahme ist nicht nur aufschlussreich, sondern auch befreiend. Du wirst schnell feststellen, dass viele deiner Verpflichtungen aus Gewohnheit bestehen und nicht aus einer bewussten Entscheidung heraus entstanden sind.

Sobald du deine Liste hast, ist es an der Zeit, Prioritäten zu setzen. Welche Aufgaben und Verpflichtungen sind wirklich essenziell für dein Geschäft und deine Vision? Überlege, welche Aktivitäten dir Freude bereiten und dich inspirieren. Alles, was dir Energie raubt oder dir das Gefühl gibt, gefangen zu sein, sollte kritisch hinterfragt werden. Dies ist der Moment, in dem du die Möglichkeit hast, Klarheit zu gewinnen und deinen Fokus neu auszurichten.

Die Entlastung von überflüssigen Verpflichtungen eröffnet dir neue Möglichkeiten. Du wirst nicht nur mehr Zeit für die Dinge haben, die dir Freude bereiten, sondern auch Raum für kreative Ideen und innovative Ansätze in deinem Business schaffen. Wenn du dich von unnötigem Ballast befreist, wirst du feststellen, dass dein Engagement für dein Unternehmen zurückkehrt und du mit neuer Begeisterung an deine Aufgaben herangehen kannst.

Denke daran, dass der Weg zur Identifikation und Eliminierung überflüssiger Verpflichtungen ein kontinuierlicher Prozess ist. Es lohnt sich, regelmäßig innezuhalten und zu reflektieren. Die Freiheit, die du gewinnst, wenn du dich von nicht erfüllenden Verpflichtungen befreist, ist der Schlüssel zu einem erfolgreichen und erfüllten unternehmerischen Leben. Lass die Begeisterung zurückkehren und erlaube dir, dein Business mit mehr Leichtigkeit zu gestalten.

5 Kernaussagen für Schnellleser

Überflüssige Verpflichtungen rauben dir Energie. Viele Aufgaben sind Gewohnheit statt bewusste Entscheidung – es lohnt sich, sie zu hinterfragen.

Erstelle eine Liste aller Verpflichtungen. Notiere sowohl geschäftliche als auch externe Verpflichtungen, um Klarheit zu gewinnen.

Setze klare Prioritäten. Fokussiere dich auf das, was wirklich zu deinem Erfolg beiträgt und dir Freude bereitet. Deine Prioritäten sollten sich an deinen Werten und an deinen persönlichen Bedürfnissen orientieren.

Weniger Ballast schafft Raum für Kreativität. Durch das Loslassen unnötiger Aufgaben kannst du mit neuer Begeisterung an dein Business herangehen.

Regelmäßige Reflexion hält dich auf Kurs. Prüfe kontinuierlich, was dich stärkt und was dich belastet – für ein leichteres, erfolgreicheres Unternehmertum.

Die größten Zeit- und Energiefresser im Business

Hast du dich jemals gefragt, warum du dich so oft erschöpft fühlst, obwohl du den ganzen Tag arbeitest? Der Grund ist oft **fehlender Fokus**. Manche Tätigkeiten bringen uns voran, andere kosten nur Zeit und Energie. Hier sind die häufigsten Energiefresser:

Zeitfresser Nr. 1: Alles selbst machen

Du bist dein eigener Chef – und dein eigener Assistent, dein eigener Buchhalter, dein eigener Social-Media-Manager... Doch nur weil du es kannst, heißt das nicht, dass du es tun solltest.

Lösung: Identifiziere Aufgaben, die du auslagern oder automatisieren kannst.

Zeitfresser Nr. 2: Ständige Erreichbarkeit

Klingelt ständig dein Telefon? Erreichbarkeit für Kunden ist wichtig – aber nicht auf Kosten deiner Produktivität.

Lösung: Setze klare Kommunikationszeiten und nutze digitale Tools zur Automatisierung.

Zeitfresser Nr. 3: Unklare Zielgruppe & Angebot

Viele Selbstständige bieten „alles für jeden" an. Doch wenn du für alle da sein willst, bist du für niemanden wirklich relevant.

Lösung: Definiere deine Kernzielgruppe und fokussiere dich auf Angebote, die wirklich gefragt sind.

Zeitfresser Nr. 4: Kein klares System für Kundenanfragen & Aufträge

Jeder neue Kunde bedeutet wieder neue Prozesse, individuelle Lösungen und mehr Verwaltungsaufwand?

Lösung: Entwickle standardisierte Abläufe und Vorlagen für häufige Aufgaben.

Strategien zur Reduzierung von Stressfaktoren

Stressfaktoren im Geschäftsleben sind oft unvermeidlich, doch die Art und Weise, wie wir mit ihnen umgehen, kann den Unterschied zwischen stagnierendem und florierendem Unternehmertum ausmachen. Eine der effektivsten Strategien zur Reduzierung von Stress besteht darin, eine klare Prioritätenliste zu erstellen. Indem du deine Aufgaben nach Wichtigkeit und Dringlichkeit sortierst, schaffst du nicht nur Struktur, sondern gewinnst auch die Kontrolle über deinen Arbeitstag zurück. Konzentriere dich auf das Wesentliche und lerne, unwichtige Aufgaben zu delegieren oder ganz abzulehnen. So kannst du deine Energie auf das lenken, was wirklich zählt und dir Freude bereitet.

Ein weiterer Schlüssel zur Stressreduktion ist die Etablierung von gesunden Grenzen. Oft neigen Selbständige dazu, sich zu überfordern, weil sie zu viele Projekte gleichzeitig annehmen oder sich nicht ausreichend Zeit für Pausen nehmen. Plane feste Zeiten für Arbeit und Erholung ein. Gönne dir regelmäßige Auszeiten, um neue Energie zu tanken und kreative Gedanken zuzulassen. Dies hilft nicht nur, Stress abzubauen, sondern fördert auch dein allgemeines Wohlbefinden und deine Begeisterung für das, was du tust.

Die Integration von Achtsamkeitsübungen in deinen Alltag kann ebenfalls einen großen Unterschied machen. Ob durch Meditation, Yoga oder einfach nur durch bewusstes Atmen – Achtsamkeit hilft dir, im Moment zu bleiben und negative Gedankenmuster zu durchbrechen. Diese kleinen Rituale sind nicht nur eine wertvolle Quelle der Entspannung, sondern ermöglichen es dir auch, klarer zu denken und bessere Entscheidungen für dein Unternehmen zu treffen. Wenn du regelmäßig Achtsamkeit praktizierst, wirst du feststellen, dass du gelassener und fokussierter agieren kannst.

Zusätzlich ist es wichtig, ein unterstützendes Netzwerk aufzubauen. Der Austausch mit Gleichgesinnten kann nicht nur motivierend wirken, sondern auch neue Perspektiven eröffnen. Suche den Kontakt zu anderen Unternehmern, die ähnliche Herausforderungen meistern. Der gemeinsame Austausch von Erfahrungen und Lösungen kann nicht nur den Stress mindern, sondern auch die Begeisterung für neue Ideen und Ansätze stärken. Gemeinsam könnt ihr Strategien entwickeln, um die Herausforderungen des Unternehmertums zu meistern und euch gegenseitig zu inspirieren.

Schließlich ist die kontinuierliche Weiterbildung ein entscheidender Faktor, um Stress zu reduzieren und Begeisterung zurückzugewinnen. Indem du dein Wissen erweiterst und neue Fähigkeiten erlernst, fühlst du dich sicherer in deinem Handeln. Nimm dir Zeit, um an Seminaren, Workshops oder Online-Kursen teilzunehmen, die dir nicht nur fachliches Wissen vermitteln, sondern auch persönliche Entwicklung fördern. Diese Investition in dich selbst wird dir helfen, Herausforderungen mit mehr Leichtigkeit zu begegnen und dein Unternehmen mit neuer Begeisterung voranzubringen.

5 Kernaussagen für Schnellleser

Prioritäten setzen reduziert Stress. Sortiere deine Aufgaben nach Wichtigkeit und Dringlichkeit, delegiere Unwichtiges und konzentriere dich auf das Wesentliche.

Gesunde Grenzen schützen vor Überlastung. Plane feste Pausen und Erholungszeiten ein, um neue Energie zu tanken und langfristig motiviert zu bleiben.

Achtsamkeitsübungen fördern Gelassenheit. Meditation, bewusstes Atmen oder Yoga helfen, Stress abzubauen und klarer zu denken.

Ein starkes Netzwerk gibt Halt und Inspiration. Der Austausch mit anderen Unternehmern kann motivieren, neue Perspektiven eröffnen und Stress reduzieren.

Weiterbildung stärkt Sicherheit und Begeisterung. Neues Wissen gibt dir mehr Selbstvertrauen und hilft, Herausforderungen mit mehr Leichtigkeit zu meistern.

Mehr Zeit – ohne mehr Stress

Die wohl größte Herausforderung für viele Unternehmer ist nicht, neue Ideen zu entwickeln oder Strategien umzusetzen, sondern sich überhaupt die **Zeit** dafür zu nehmen. Wenn du das Gefühl hast, dass dein Tag schon jetzt nicht reicht, kann der Gedanke, „einfach mal innezuhalten", fast zynisch wirken. Doch es gibt Wege, **ohne zusätzliche Belastung** kleine Zeitfenster zu schaffen – und diese machen langfristig einen riesigen Unterschied.

Eine Möglichkeit ist **gezieltes Delegieren**. Alles, was nicht zwingend deine persönliche Aufmerksamkeit erfordert, kann vielleicht jemand anderes übernehmen – sei es durch ein kleines Team, virtuelle Assistenten oder digitale Lösungen. Auch Künstliche Intelligenz kann mittlerweile viele Prozesse automatisieren, sei es im Kundenservice, bei der Buchhaltung oder beim Erstellen von Inhalten. Jedes Mal, wenn du eine Aufgabe auslagerst, gewinnst du wertvolle Minuten für das, was wirklich zählt.

Doch nicht alles muss nach außen gegeben werden – oft lassen sich durch **kluge Routinen und bessere Strukturen** schon kleine Zeitinseln schaffen. Vielleicht ist es eine klare E-Mail-Regel, die dir morgens eine halbe Stunde spart, oder ein fester Block im Kalender, der unantastbar bleibt. Auch ein bewusster Wechsel von **Reaktion zu Aktion** hilft: Statt den Tag durch dringende Anfragen steuern zu lassen, kannst du bewusst festlegen, wann du was erledigst.

Das Wichtigste dabei: **Jeder kleine Schritt zählt.** Selbst wenn du dir nur zehn Minuten pro Tag nimmst, um Abstand zu gewinnen und dich neu auszurichten, wirst du mit der Zeit merken, wie viel Klarheit das bringt. Es geht nicht darum, das Business radikal umzukrempeln, sondern **mit kleinen, machbaren Veränderungen** große Wirkung zu erzielen.

Die Kunst des Nein-Sagens

Die Kunst des Nein-Sagens ist ein entscheidender Schritt auf dem Weg zu einem erfüllten und erfolgreichen Geschäftsleben. Gerade für Inhaber und Geschäftsführer kleiner und mittlerer Unternehmen, Selbständige und Freiberufler ist es unerlässlich, klare Grenzen zu setzen. In einer Welt, die von ständigen Anforderungen und Erwartungen geprägt ist, kann das ständige Ja-Sagen zu einer Last werden, die das kreative Potenzial und die Begeisterung für das eigene Business erstickt. Indem wir lernen, Nein zu sagen, schaffen wir Raum für das, was wirklich zählt – unsere Vision und unser Wachstum.

Das Nein-Sagen ist nicht nur eine Frage der Abgrenzung, sondern auch eine Ausdrucksform der Selbstachtung. Wenn wir uns trauen, unsere Prioritäten klar zu kommunizieren, gewinnen wir an Respekt, sowohl von uns selbst als auch von anderen. Es ist wichtig zu erkennen, dass jedes Nein, das wir aussprechen, ein Ja zu unseren eigenen Zielen und Wünschen ist. Diese positive Umdeutung hilft uns, die Angst vor Ablehnung oder Missbilligung abzubauen und stattdessen einen Raum für Authentizität und Integrität zu schaffen.

Ein weiterer entscheidender Aspekt der Kunst des Nein-Sagens ist die Fähigkeit, die eigenen Werte zu erkennen und zu verteidigen. Wenn wir unsere Prinzipien klar definieren, fällt es uns leichter, Entscheidungen zu treffen, die mit unserem geschäftlichen und persönlichen Ethos übereinstimmen. Das bedeutet, dass wir nicht nur Anfragen und Angebote ablehnen, die nicht zu uns passen, sondern auch gezielt nach Möglichkeiten suchen, die unsere Leidenschaft und unser Engagement wecken. So wird das Geschäft nicht nur zu einer Pflicht, sondern zu einer Quelle der Freude und Inspiration.

Um diese Fähigkeit zu entwickeln, ist es hilfreich, sich Zeit für Reflexion zu nehmen. Überlege, welche Projekte, Kunden oder Verpflichtungen dir Energie rauben und welche dich beflügeln. Ein klarer Fokus auf das, was dir wirklich Freude bereitet, wird dir helfen, Entscheidungen zu treffen, die dein Unternehmen voranbringen. Indem du dich von Ballast befreist, schaffst du nicht nur mehr Raum für Kreativität, sondern auch für neue Chancen und Ideen, die dein Geschäft aufblühen lassen.

Letztlich ist das Nein-Sagen ein Werkzeug, um deine Begeisterung zurückzuholen und dein Business neu zu denken. Es erfordert Mut und Entschlossenheit, aber die Belohnung ist ein erfüllteres und erfolgreicheres Geschäftsleben. Wenn du lernst, deine Grenzen zu setzen und dich auf das Wesentliche zu konzentrieren, wirst du nicht nur deine eigene Begeisterung steigern, sondern auch die deiner Mitarbeiter und Kunden. So wird dein Unternehmen zu einem Ort, an dem Leidenschaft und Erfolg Hand in Hand gehen.

Kapitel 3:
Neue Perspektiven entwickeln

Denkblockaden erkennen und überwinden

Denkblockaden sind oft heimliche Begleiter im unternehmerischen Alltag. Sie treten auf, wenn wir uns mit Herausforderungen konfrontiert sehen oder wenn der Enthusiasmus für unser Projekt schwindet. Es ist wichtig, diese Blockaden frühzeitig zu erkennen, um nicht in eine Spirale der Frustration zu geraten. Oft äußern sie sich in Form von Selbstzweifeln, Ideenlosigkeit oder dem Gefühl, festzustecken. Das Erkennen dieser Symptome ist der erste Schritt auf dem Weg zu einer neuen Denkweise, die dir helfen kann, die Begeisterung für dein Geschäft zurückzugewinnen.

Um Denkblockaden zu überwinden, ist es entscheidend, sich bewusst Zeit für Reflexion zu nehmen. Schaffe dir einen Raum, in dem du ungestört nachdenken und deine Gedanken ordnen kannst. Frage dich, was genau dich hemmt. Sind es äußere Umstände, wie wirtschaftlicher Druck, oder sind es innere Glaubenssätze, die dich zurückhalten? Indem du diese Blockaden benennst, nimmst du ihnen ihre Macht und kannst gezielt an Lösungen arbeiten. Es ist auch hilfreich, mit anderen Unternehmern zu sprechen. Oft bringt ein frischer Blick von außen neue Perspektiven und Ideen.

Ein weiterer Ansatz zur Überwindung von Denkblockaden ist das Praktizieren von Kreativitätstechniken. Methoden wie Brainstorming, Mind Mapping oder das 6-3-5-Verfahren können dir helfen, neue Ideen zu entwickeln und festgefahrene Denkmuster zu durchbrechen.

Setze dir dabei keine Grenzen, sondern lasse deiner Kreativität freien Lauf. Das Ziel ist es, einen Raum zu schaffen, in dem innovative Gedanken sprießen können. Diese Techniken fördern nicht nur die Kreativität, sondern stärken auch das Vertrauen in deine Fähigkeiten und die Überzeugung, dass du Herausforderungen meistern kannst.

Ein wichtiger Aspekt zur Überwindung von Denkblockaden ist die Selbstfürsorge. Stress und Überarbeitung können deine Denkfähigkeit erheblich beeinträchtigen. Plane regelmäßige Pausen ein, um dich zu erholen und neue Energie zu tanken. Gehe spazieren, meditiere oder beschäftige dich mit Hobbys, die dir Freude bereiten. Diese Auszeiten helfen dir, den Kopf freizubekommen und die Gedanken neu zu ordnen. Oft kommen die besten Ideen in Momenten der Entspannung, wenn wir nicht gezielt nach Lösungen suchen.

Schließlich ist es essenziell, eine positive Einstellung zu kultivieren. Umgib dich mit inspirierenden Menschen, die dich motivieren und unterstützen. Feiere kleine Erfolge auf deinem Weg und erkenne, dass Rückschläge Teil des Prozesses sind. Indem du eine Kultur der Positivität und des Wachstums in deinem Unternehmen schaffst, reduzierst du die Wahrscheinlichkeit von Denkblockaden und förderst gleichzeitig eine Atmosphäre, in der Begeisterung und Kreativität gedeihen können. So nimmst du dein Business in die Hand und gestaltest es mit Leichtigkeit und Freude.

Kreativität im Geschäftsalltag fördern

Kreativität ist der Schlüssel zu einem dynamischen und erfolgreichen Geschäftsalltag. In einer Zeit, in der sich Märkte rasant verändern und die Konkurrenz immer stärker wird, brauchst du kreative Lösungen und den Mut, Neues zu wagen. Doch Kreativität passiert nicht einfach so – sie braucht ein Umfeld, das Offenheit und Experimentierfreude fördert.

Schaffe in deinem Unternehmen eine Atmosphäre, in der Ideen willkommen sind. Ermutige dein Team, neue Ansätze auszuprobieren und innovative Lösungen zu entwickeln. Selbst kleine Veränderungen im Arbeitsumfeld können den kreativen Fluss anregen und für frische Begeisterung sorgen.

Ein weiterer wichtiger Punkt ist die Vielfalt im Team. Unterschiedliche Perspektiven und Erfahrungen führen oft zu den besten Ideen. Achte darauf, Menschen mit verschiedenen Hintergründen, Altersgruppen und Fachrichtungen zusammenzubringen. Diese Vielfalt bringt nicht nur neue Impulse in eure Diskussionen, sondern schafft auch eine Kultur des offenen Austauschs. Wenn jeder sich gehört fühlt, steigt die Motivation, kreative Ideen einzubringen.

Regelmäßige Workshops und Brainstorming-Sessions können zusätzlich helfen, das kreative Potenzial deines Teams zu entfalten. Setze auf unkonventionelle Methoden wie Design Thinking oder visuelle Denktechniken, um über den Tellerrand hinauszublicken. Wichtig ist, dass Fehler als Lernmöglichkeiten gesehen werden. Wenn dein Team erkennt, dass es in einem sicheren Umfeld experimentieren kann, fällt es leichter, neue Ideen mutig auszuprobieren.

Doch Kreativität braucht auch Pausen. Studien zeigen, dass die besten Einfälle oft in Momenten der Entspannung entstehen. Ermutige dein Team, regelmäßig kurze Auszeiten zu nehmen – sei es ein Spaziergang, ein kurzer Austausch mit Kollegen oder einfach ein paar Minuten Abstand zur Arbeit. Auch Teambuilding-Aktivitäten außerhalb des Büros können den kreativen Austausch stärken.

Letztendlich geht es darum, eine Kultur des kontinuierlichen Lernens zu etablieren. Biete deinem Team Fortbildungsmöglichkeiten und Zugang zu neuen Ressourcen, die ihre kreativen Fähigkeiten weiterentwickeln. Wenn du eine Lernumgebung schaffst, in der Wissen und neue Ideen geschätzt werden, motivierst du deine Mitarbeiter, innovative Lösungen zu entwickeln – und förderst eine lebendige, dynamische Unternehmenskultur.

Vom Ausschreibungskampf zur HiFi-Restauration mit Leidenschaft

Gunther war lange Zeit ein angesehener Radio- und Fernsehtechnikermeister mit eigenem Betrieb. Sein Spezialgebiet: Planung und Installation von Audio- und Fernsehanlagen für Hotels und Großunternehmen. Die Aufträge waren groß, die Anforderungen hoch – doch die Realität sah ernüchternd aus.

Trotz seiner Expertise landete er in einem gnadenlosen Wettbewerb, bei dem nur eines zählte: der niedrigste Preis. Jede Ausschreibung bedeutete enormen Zeitaufwand, und am Ende gewann oft der günstigste Anbieter – nicht der beste. Seine Margen waren gering, das finanzielle Risiko hoch. Wenn es zu Streitigkeiten kam, hatten die großen Unternehmen den längeren Atem und die besseren Anwälte. Trotz sauberer Arbeit blieb er immer wieder auf seinem Geld sitzen.

Die Frustration wuchs. Gunther hatte das Gefühl, nur noch zu kämpfen – und sich dabei immer weiter von dem zu entfernen, was ihn einst begeistert hatte: hochwertige Audiotechnik.

Der Wendepunkt: Weg vom Preiskampf – hin zur Spezialisierung

Ein Gespräch mit seinem Coach und Marketing-Fachmann brachte schließlich die entscheidende Frage auf den Tisch:
Was würdest du machen, wenn du nicht von Großaufträgen abhängig wärst?

Die Antwort war sofort klar: Restaurierung hochwertiger klassischer HiFi-Technik.

Gunther hatte schon immer ein Faible für legendäre Verstärker, Plattenspieler und Lautsprecher der Spitzenklasse. Doch war das wirklich ein tragfähiges Geschäft? Würden genug Menschen für solche Dienstleistungen zahlen?

Anstatt sein komplettes Unternehmen auf den Kopf zu stellen, entschied er sich für einen Testlauf – ein Paralleluniversum.

Die Lösung: Eine separate Marke für ein hochspezialisiertes Angebot Gunther baute eine eigene Website, die ausschließlich auf High-End-Audio-Restauration ausgerichtet war. Keine Fernsehanlagen, keine Ausschreibungen – nur das, was ihn wirklich begeisterte.

Und siehe da: Der Markt war da. Menschen, die ihre alten, aber hochklassigen Geräte nicht einfach austauschen wollten, sondern reparieren und restaurieren lassen wollten, suchten genau diese Expertise.

Mit der Zeit wuchs seine neue Marke. Er bekam immer mehr Anfragen, die Kunden waren begeistert – und die Preise fair, weil Qualität und Handwerkskunst zählten, nicht der billigste Anbieter.

Das Ergebnis: Mehr Erfolg, mehr Anerkennung – mehr Lebensqualität

Heute ist Gunther nicht nur sehr gut ausgelastet, sondern auch hochgeschätzt. Seine Google-Bewertungen sind exzellent, seine Kunden kommen von weit her, um ihre HiFi-Schätze in seine Hände zu geben.

Er arbeitet mit Leidenschaft, setzt sein Wissen ein und muss nicht mehr um den billigsten Auftrag kämpfen. Seine persönliche Lebensqualität? Drastisch verbessert. Kein Preiskampf, kein Stress mit säumigen Kunden – sondern Wertschätzung, Freude an der Arbeit und ein Business, das nicht nur erfolgreich, sondern auch erfüllend ist.

Und es gibt noch andere...

Ein weiteres Beispiel ist Martin, der als Freelancer im Bereich Webdesign begann. Er stellte schnell fest, dass die Konkurrenz groß war und viele seiner Kollegen ähnliche Dienstleistungen anboten. Statt sich nur auf technische Fähigkeiten zu konzentrieren, begann Martin, seine Kundenbeziehungen zu intensivieren. Er hörte aktiv zu und passte seine Angebote an die individuellen Bedürfnisse seiner Klienten an. Diese persönliche Note führte nicht nur zu einer hohen Kundenzufriedenheit, sondern auch zu einem stetigen Wachstum seines Unternehmens. Martin zeigt uns, dass der Schlüssel zum Erfolg oft in der Fähigkeit liegt, die Perspektive zu wechseln und den Menschen in den Mittelpunkt zu stellen.

Auch die Geschichte von Lara, die ein kleines Café eröffnete, bietet wertvolle Lektionen. Sie begann mit einem klaren Konzept: ein Ort der Begegnung und des Austauschs. Durch kreative Veranstaltungen und Workshops schuf sie eine Gemeinschaft, die über das reine Kaffee-Trinken hinausging. Lara verstand es, ihre Leidenschaft für gutes Essen und Begegnungen in ein einzigartiges Erlebnis zu verwandeln. Ihr Erfolg zeigt, dass das Streben nach Begeisterung und Authentizität nicht nur das eigene Leben bereichert, sondern auch das der Kunden.

In der Technologiebranche finden wir die inspirierende Geschichte von Tobias, der mit einer innovativen Softwarelösung den Markt revolutionierte. Er erkannte eine Marktlücke und entwickelte ein Produkt, das den Arbeitsalltag vieler Unternehmer erleichtert. Durch ständiges Feedback von seinen Nutzern konnte er die Software kontinuierlich verbessern und anpassen. Tobias beweist, dass das Eingehen auf die Bedürfnisse der Zielgruppe und die Bereitschaft zur ständigen Weiterentwicklung entscheidend für den langfristigen Erfolg sind.

Diese Beispiele verdeutlichen, dass Leidenschaft, Anpassungsfähigkeit und der Wille zur Veränderung zentrale Elemente auf dem Weg zum Erfolg sind. Sie ermutigen uns, die eigenen Stärken zu erkennen und mit Begeisterung neue Wege zu beschreiten. Die Geschichten dieser Unternehmer zeigen, dass trotz der Schwierigkeiten, die auf dem Weg zum Erfolg auftreten können, die Rückkehr zur Begeisterung und die Neugestaltung des eigenen Geschäfts nicht nur möglich, sondern auch äußerst lohnenswert sind.

Kapitel 4: Vision und Mission neu definieren

Was treibt dich an?

Was treibt dich an? Diese Frage ist der Schlüssel zu deiner Begeisterung und zu dem Erfolg, den du dir wünschst. Oft verlieren wir uns im Alltag, in den täglichen Aufgaben und Herausforderungen, und vergessen, was uns ursprünglich motiviert hat, unser eigenes Unternehmen zu gründen. Es ist entscheidend, sich regelmäßig daran zu erinnern, was unser innerer Antrieb ist. Ob es die Vision einer besseren Zukunft, der Wunsch nach Unabhängigkeit oder die Leidenschaft für ein bestimmtes Produkt oder eine Dienstleistung ist – all diese Elemente sind die treibenden Kräfte, die dich auf deinem Weg begleiten sollten.

Um deine Begeisterung zurückzuholen, ist es hilfreich, eine Bestandsaufnahme deiner Werte und Ziele zu machen. Nimm dir Zeit, um zu reflektieren, was dir wirklich wichtig ist. Vielleicht hast du ein tiefes Bedürfnis, anderen zu helfen, oder möchtest innovative Lösungen für bestehende Probleme finden. Indem du dir über deine Beweggründe klar wirst, kannst du nicht nur deine Motivation steigern, sondern auch dein Business neu ausrichten. Diese Klarheit wird dir helfen, Entscheidungen zu treffen, die mit deinem inneren Antrieb übereinstimmen und letztendlich zu mehr Zufriedenheit führen.

Ein weiterer Aspekt, der dich antreiben kann, ist die Gemeinschaft, die du um dich herum aufbaust. Suche nach Gleichgesinnten, die deine Vision teilen und dich unterstützen. Der Austausch mit anderen Selbständigen und Unternehmern kann neue Perspektiven eröffnen und dir helfen, deine Leidenschaft neu zu entfachen. Gemeinsam könnt ihr Herausforderungen meistern, Ideen entwickeln und euch gegenseitig motivieren. Diese Netzwerke sind nicht nur wertvoll für dein Business, sie fördern auch deine persönliche Entwicklung und stärken dein Engagement.

Zudem ist es wichtig, dir regelmäßig Auszeiten zu gönnen, um deine Energien aufzuladen. In einer Welt voller Ablenkungen und Druck ist es leicht, den Kontakt zu deinem inneren Antrieb zu verlieren. Plane bewusste Pausen ein, in denen du dich mit inspirierenden Büchern, Natur oder kreativen Aktivitäten umgibst. Diese Momente der Reflexion und Kreativität können dir helfen, deine Begeisterung zurückzugewinnen und neue Ideen zu entwickeln, die deinem Unternehmen neuen Schwung verleihen.

Abschließend lässt sich sagen, dass der Antrieb, der dich leitet, nicht nur aus äußeren Erfolgen besteht, sondern vor allem aus der inneren Zufriedenheit und der Leidenschaft für das, was du tust. Lass nicht zu, dass der Alltag dich von deinem Ziel abbringt. Gehe regelmäßig in dich, finde heraus, was dich wirklich antreibt, und nutze diese Erkenntnisse, um dein Business mit mehr Leichtigkeit und Begeisterung zu gestalten. Dein Erfolg liegt in deinen Händen, und die Frage "Was treibt dich an?" ist der erste Schritt auf diesem inspirierenden Weg.

5 Kernaussagen für Schnellleser

Dein innerer Antrieb ist der Schlüssel zu langfristigem Erfolg. Erinnere dich regelmäßig daran, warum du dein Business gestartet hast und was dich wirklich motiviert.

Reflektiere deine Werte und Ziele. Eine bewusste Bestandsaufnahme hilft dir, dein Business im Einklang mit deinen Überzeugungen auszurichten.

Umgebe dich mit Gleichgesinnten. Der Austausch mit anderen Unternehmern kann neue Perspektiven eröffnen und deine Begeisterung neu entfachen.

Pausen und Inspiration sind essenziell. Regelmäßige Auszeiten mit kreativen oder entspannenden Aktivitäten helfen, den Kontakt zu deinem Antrieb nicht zu verlieren.

Deine Leidenschaft entscheidet über deinen Erfolg. Bleib dir selbst treu, hinterfrage regelmäßig deine Motivation und gestalte dein Business mit mehr Begeisterung und Leichtigkeit.

Die eigene Vision klar formulieren

Du hast eine vage Vorstellung davon, wohin deine unternehmerische Reise gehen soll? Gut. Aber reicht das? Eine klare, kraftvolle Vision ist der Schlüssel zu echtem Erfolg. Sie motiviert dich, zieht die richtigen Kunden an und inspiriert dein Team. Es ist Zeit, deine Vision zu entdecken, sie in Worte zu fassen – und damit das Fundament für dein florierendes Business zu legen.

Mach dich auf die Suche nach deiner Vision

Nimm dir bewusst Zeit für Selbstreflexion. Was treibt dich an? Welche Werte sind dir wichtig? Was macht dein Unternehmen einzigartig? Schnapp dir ein Blatt Papier und schreibe alles auf, was dir durch den Kopf geht. Ohne Filter, ohne Einschränkungen. Denk groß, denk mutig! Denn deine Vision ist mehr als nur ein Satz – sie ist dein innerer Kompass, der dir hilft, auch in schwierigen Zeiten den Fokus zu behalten.

Bringe deine Vision auf den Punkt

Jetzt wird's konkret: Formuliere deine Vision klar, verständlich und prägnant. Kein Fachjargon, keine komplizierten Formulierungen – du willst, dass jeder sie sofort versteht und fühlt. Eine starke Vision ist inspirierend, aber auch umsetzbar. Sie hilft dir und deinem Team, Entscheidungen zu treffen, Prioritäten zu setzen und immer wieder die Richtung zu überprüfen. Und das Beste? Sie darf wachsen und sich weiterentwickeln – genau wie dein Business.

Lebe deine Vision – und lass andere daran teilhaben

Eine Vision wirkt nur, wenn sie gelebt wird. Teile sie mit deinem Team, mit Kunden, mit Partnern. Mach sie sichtbar – in deiner Kommunikation, in deinen Entscheidungen, in deinem Alltag. Führe regelmäßige Meetings ein, um über eure gemeinsame Richtung zu sprechen, Erfolge zu feiern und Herausforderungen zu meistern. Eine geteilte Vision schafft Zusammenhalt, Begeisterung und Engagement.

Deine Vision ist dein Motor

Eine klare Vision gibt dir Richtung, Kraft und Motivation. Sie hilft dir, unnötigen Ballast abzuwerfen und dein Business mit Leidenschaft und Klarheit zu führen. Lass dich von ihr leiten – und genieße die Reise zu deinem unternehmerischen Erfolg!

Für Schnellleser: 5 Kernaussagen

Eine klare Vision ist der erste Schritt zu langfristigem Erfolg. Sie motiviert dich selbst, inspiriert dein Team und zieht Kunden an.

Selbstreflexion ist essenziell für die Entwicklung deiner Vision. Nimm dir Zeit, um deine Werte, Ziele und die Einzigartigkeit deines Unternehmens zu definieren.

Deine Vision sollte einfach, verständlich und umsetzbar sein. Vermeide Fachjargon und formuliere sie so, dass sie als Leitfaden für Entscheidungen dient.

Integriere deine Vision in deine Unternehmenskultur. Teile sie mit deinem Team, sprich regelmäßig darüber und nutze sie als Orientierung für gemeinsame Ziele.

Eine Vision ist dynamisch und entwickelt sich mit deinem Unternehmen. Überdenke sie regelmäßig, um sicherzustellen, dass sie weiterhin zu deinem Wachstum und deiner Begeisterung passt.

Praktische Übung: Deine Vision in 10 Minuten erkennen

Schritt 1: Nimm ein Blatt Papier oder ein digitales Dokument und beantworte folgende Fragen intuitiv und ohne zu viel nachzudenken:

- Was begeistert mich an meinem Business?
- Welche Werte sind mir besonders wichtig?
- Welches Problem löse ich für meine Kunden?
- Wie soll mein Unternehmen in 5 bis 10 Jahren aussehen?
- Was soll mein größter unternehmerischer Beitrag sein?

Schritt 2: Sieh dir deine Antworten an und versuche, sie in **einen einzigen prägnanten Satz** zu bringen, der deine Vision beschreibt. Beispiel: „Ich möchte Selbständigen helfen, ihre Ideen mit Klarheit und Begeisterung umzusetzen, indem ich ihnen praxisnahe Strategien und Inspiration biete."

Schritt 3: Lies deine Vision laut vor. Fühlt sie sich stimmig an? Falls nicht, passe sie an, bis sie wirklich zu dir passt.

Schritt 4: Schreibe deine Vision auf eine Karte oder ein Post-it und platziere sie an einem Ort, an dem du sie täglich siehst.

Mit dieser Übung schaffst du eine klare Grundlage für dein unternehmerisches Handeln und kannst deine Begeisterung gezielt in die richtige Richtung lenken!

Manchmal fällt es schwer, die richtigen Worte zu finden, besonders wenn man vor einem leeren Blatt Papier sitzt. Wenn du Unterstützung brauchst, können wir gerne in einem persönlichen Zoom-Dialog gemeinsam an deiner Positionierung arbeiten. Melde dich einfach – die Kontaktdaten findest du am Ende des Buches.

Mission und Werte im Einklang bringen

Der Erfolg eines Unternehmens beginnt mit einer starken Vision und einer klaren Mission – zwei Begriffe, die oft verwechselt oder sogar synonym verwendet werden. Doch sie haben unterschiedliche Rollen: **Deine Vision beschreibt das große Ziel, die Zukunft, die du mit deinem Unternehmen erschaffen willst.** Sie gibt die Richtung vor, ist ambitioniert, inspirierend und oft nicht direkt erreichbar. **Deine Mission hingegen beschreibt, was du heute tust, um diese Vision Realität werden zu lassen.** Sie ist greifbar, konkret und zeigt, wie du und dein Team jeden Tag handeln, um diesem langfristigen Ziel näherzukommen.

Ein Beispiel: Wenn deine Vision ist, eine nachhaltigere Wirtschaft mitzugestalten, könnte deine Mission lauten, Unternehmen dabei zu helfen, ressourcenschonendere Prozesse zu implementieren. Die Vision ist das „Warum", die Mission das „Wie".

Ein starkes Wertesystem verbindet diese beiden Elemente und gibt deinem Unternehmen Identität und Sinn, der weit über den finanziellen Erfolg hinausgeht. Wenn du dir bewusst die Zeit nimmst, deine Mission und Werte zu definieren und sie konsequent in den Alltag integrierst, entsteht eine Unternehmenskultur, die nicht nur dich selbst antreibt, sondern auch Mitarbeiter und Kunden inspiriert.

Doch dabei bleibt es nicht. Mission und Werte sind kein statisches Konzept, sondern ein dynamischer Prozess, der Reflexion und Anpassung erfordert. Nimm dir regelmäßig einen Moment, um dich zu fragen: **„Spiegelt mein Unternehmen wirklich die Werte wider, die mir wichtig sind? Unterstützt unsere Mission die Art von Beziehungen, die wir zu unseren Kunden aufbauen wollen?"** Diese Fragen sind entscheidend, denn sie schaffen eine echte Verbindung zwischen deinen persönlichen Überzeugungen und der Art, wie du dein Unternehmen führst. Und genau das macht den Unterschied – für deine Motivation und für den langfristigen Erfolg deines Business.

Dass diese Verbindung funktioniert, zeigen Unternehmen, die Nachhaltigkeit nicht nur als Marketing-Schlagwort nutzen, sondern sie wirklich in ihr Handeln einbauen. Wer konsequent umweltfreundliche Praktiken integriert, zieht Kunden an, die genau diese Werte teilen, und baut so eine loyale Community auf. Das wirkt sich nicht nur positiv aufs Image aus, sondern steigert auch die Zufriedenheit im Team – denn Menschen arbeiten mit mehr Begeisterung, wenn sie wissen, dass ihre Arbeit etwas bewirkt. Werte werden so nicht nur gepredigt, sondern gelebt.

Diese Authentizität hat einen direkten Einfluss auf die Kundenbindung. Menschen spüren, wenn ein Unternehmen wirklich für etwas steht, und genau das schafft Vertrauen. Wer Vertrauen gewinnt, gewinnt langfristige Kunden – und damit nicht nur stabile Umsätze, sondern auch begeisterte Fürsprecher. Gerade in der digitalen Welt, in der sich Meinungen in Sekunden verbreiten, ist das unbezahlbar. Eine Community, die sich mit deinem Unternehmen verbunden fühlt, wird deine Werte weitertragen – und das kann dein entscheidender Wettbewerbsvorteil sein.

Um sicherzustellen, dass Mission und Werte wirklich in Einklang stehen, hilft es, regelmäßig den Blick von außen zu holen. Hol dir Feedback – von Mitarbeitern, von Kunden, von Menschen, die dein Unternehmen begleiten. Workshops, Umfragen oder persönliche Gespräche geben wertvolle Einblicke und helfen dir, mögliche Diskrepanzen zu erkennen. Wer aktiv zuhört und bereit ist, Dinge weiterzuentwickeln, schafft eine Unternehmenskultur, die Offenheit und Wachstum fördert. Und genau das bringt nicht nur dein Unternehmen, sondern auch deine Begeisterung auf das nächste Level.

5 Kernaussagen für Schnellleser

Eine klare Mission und starke Werte sind die Basis für langfristigen Erfolg. Sie geben dem Unternehmen Identität, Sinn und inspirieren Mitarbeiter sowie Kunden.

Mission und Werte müssen regelmäßig reflektiert werden. Unternehmer sollten sich fragen, ob ihr Handeln tatsächlich ihren Überzeugungen entspricht.

Authentizität zieht loyale Kunden an. Unternehmen, die ihre Werte aktiv leben, schaffen eine starke Verbindung zu ihrer Zielgruppe.

Eine gelebte Mission stärkt die Kundenbindung. Kunden spüren, wenn ein Unternehmen authentisch ist – das fördert Vertrauen und positive Weiterempfehlungen.

Feedback ist essenziell für die Weiterentwicklung. Durch Mitarbeiter- und Kundenfeedback lassen sich Werte besser in den Unternehmensalltag integrieren und weiterentwickeln.

Kapitel 5:
Zielsetzung mit Leichtigkeit

SMART-Ziele versus flexible Zielsetzungen

SMART-Ziele – ein bewährtes Konzept, das dir hilft, Struktur in deine Pläne zu bringen. Doch was bedeutet das eigentlich genau? SMART steht für spezifisch, messbar, erreichbar, relevant und zeitgebunden. Anstatt vage zu sagen: „Ich will mehr Kunden", definierst du dein Ziel klar: „Ich gewinne in den nächsten drei Monaten zehn neue Kunden durch gezielte Social-Media-Kampagnen." So wird aus einem Wunsch eine konkrete Handlung, die du jederzeit überprüfen kannst. SMART-Ziele halten den Fokus scharf, machen Fortschritt sichtbar und geben dir eine klare Richtung vor. Doch genau hier lauert die Gefahr: zu viel Struktur kann dich auch festfahren. Wenn jedes Ziel in Stein gemeißelt ist, bleibt kein Raum für spontane Ideen, kreative Lösungen oder unerwartete Chancen.

Flexibilität ist der Gegenpol. Die Welt der Selbständigen verändert sich ständig – Trends, Kundenbedürfnisse, Marktbedingungen. Wer sich hier nur an starren Vorgaben orientiert, riskiert, hinterherzuhinken. **Agile Zielsetzungen** bieten einen alternativen Ansatz: Statt einmal im Jahr feste Ziele zu definieren, überprüfst du sie regelmäßig – zum Beispiel alle zwei Wochen. Hat sich etwas verändert? Ist eine neue Chance aufgetaucht? Gibt es Hindernisse, die eine Anpassung notwendig machen? Dieser flexible Prozess ermöglicht Kurskorrekturen und fördert eine Kultur, in der Fehler nicht als Scheitern, sondern als Sprungbrett für Wachstum gesehen werden. Wer offen bleibt, kann auf neue Ideen reagieren, Innovationen vorantreiben und sein Business mit mehr Leichtigkeit weiterentwickeln.

Doch es geht nicht darum, SMART-Ziele über Bord zu werfen. Die wahre Kraft liegt in der Kombination. Klare, messbare Ziele geben eine Richtung vor, aber der Mut, diese regelmäßig zu hinterfragen und anzupassen, macht den Unterschied. Die Kunst besteht darin, Struktur und Dynamik zu verbinden: einen Plan zu haben, aber nicht sklavisch daran festzuhalten. Agile Zielsetzungen helfen dabei, smarte Ziele lebendig zu halten – sie werden nicht nur einmal definiert, sondern kontinuierlich optimiert. So erreichst du nicht nur deine Ziele, sondern entfachst auch deine Leidenschaft für das, was du tust – immer wieder aufs Neue.

Noch ein Punkt, der oft übersehen wird: Wenn du dich nur auf das Endergebnis fixierst, verlierst du leicht die Freude an der eigentlichen Arbeit. Viel wichtiger ist es, den Prozess bewusst zu erleben. Wie du deine Ziele erreichst, ist mindestens genauso entscheidend wie das Erreichen selbst. Wer sich auf den Weg konzentriert, statt nur auf das Ziel, bleibt motiviert, offen und kreativ. Das schafft nicht nur bessere Ergebnisse, sondern auch eine Unternehmenskultur, in der Begeisterung und Inspiration zum Alltag gehören.

Am Ende geht es darum, den richtigen Mix für dich zu finden. Brauchst du gerade mehr Struktur oder mehr Flexibilität? Manchmal geben SMART-Ziele die nötige Klarheit, manchmal brauchst du den Freiraum, um deine Strategie spontan anzupassen. Agile Zielsetzungen helfen dir dabei, dynamisch zu bleiben, während smarte Ziele dir eine Richtung geben. Die bewusste Auseinandersetzung mit beiden Ansätzen hilft dir, dein Business mit neuer Energie auf das nächste Level zu bringen – effizient, aber vor allem auch mit echtem Spaß an der Sache.

5 Kernaussagen für Schnellleser

Klare Ziele schaffen Fokus – Wer genau weiß, was er erreichen will, trifft bessere Entscheidungen und bleibt motiviert.

SMART-Ziele machen Pläne greifbar – Spezifisch, messbar, erreichbar, relevant und zeitgebunden – so wird aus einer Idee eine konkrete Handlung.

Agile Ziele bringen Flexibilität – Regelmäßige Überprüfung und Anpassung sorgen dafür, dass du schnell auf Veränderungen reagieren kannst.

Der Weg ist genauso wichtig wie das Ziel – Wer sich auf den Prozess konzentriert, bleibt kreativer, inspirierter und langfristig erfolgreicher.

Die beste Strategie ist der Mix – Struktur gibt Orientierung, Flexibilität hält dich beweglich – beides zusammen bringt nachhaltigen Erfolg.

Die Rolle der Intuition bei der Zielverwirklichung

Die Intuition spielt eine viel größere Rolle bei der Zielverwirklichung, als viele glauben. In einer Welt voller Daten, Analysen und Strategiepläne verlässt du dich oft auf Zahlen und Fakten. Doch manchmal fehlt da etwas: das innere Gespür für Chancen, für den richtigen Moment, für das, was wirklich zu dir passt. Intuition ist mehr als nur ein Bauchgefühl – sie ist die Summe aus deinen Erfahrungen, deiner Wahrnehmung und deinem Wissen. Sie hilft dir, Entscheidungen zu treffen, die sich nicht nur logisch, sondern auch stimmig anfühlen.

Gerade als Unternehmer musst du oft mutige Entscheidungen treffen. Und manchmal reicht es nicht, nur auf die Fakten zu schauen. Deine Intuition kann dir den entscheidenden Impuls geben, wann es Zeit ist, neue Wege zu gehen oder alte Muster loszulassen. Sie ist der Schlüssel zu kreativen Lösungen, die nicht auf dem Reißbrett entstehen, sondern aus einem echten inneren Antrieb heraus. Doch um diese Fähigkeit wirklich zu nutzen, brauchst du Raum dafür – Momente der Reflexion, Stille, vielleicht sogar Meditation. Einfach mal innehalten und spüren, was sich richtig anfühlt.

Intuition zeigt ihre wahre Stärke vor allem dann, wenn Unsicherheit im Spiel ist. Wenn sich Pläne ändern, wenn Marktbedingungen schwanken, wenn du vor einer Entscheidung stehst, für die es keine perfekte Datengrundlage gibt. In diesen Momenten wird deine Intuition zum Kompass, der dir zeigt, wo es langgeht. Sie hilft dir, schneller zu reagieren, Risiken besser einzuschätzen und dein Business mit mehr Leichtigkeit und Anpassungsfähigkeit zu führen.

Doch wie kannst du deine Intuition bewusst in deinen Entscheidungsprozess einbauen? Indem du sie trainierst. Nimm dir regelmäßig Zeit für Selbstreflexion. Spüre nach: Welche Ziele fühlen sich wirklich nach dir an? Was treibt dich an? Führe ein Journal und halte fest, wann deine Intuition dich richtig geführt hat – so lernst du, ihr immer mehr zu vertrauen. Je mehr du dich darauf einlässt, desto klarer wird die Verbindung zu deiner inneren Stimme. Und genau diese Verbindung kann dein Business nicht nur erfolgreicher, sondern auch erfüllender machen.

5 Kernaussagen für Schnellleser

Intuition ist ein entscheidender Erfolgsfaktor. Sie hilft, Chancen zu erkennen, die über Daten und Analysen hinausgehen, und führt zu authentischen, wertebasierten Entscheidungen.

Intuition basiert auf Erfahrung und Wissen. Sie ist mehr als nur ein Bauchgefühl – sie speist sich aus unbewussten Wahrnehmungen und erlerntem Wissen.

In unsicheren Zeiten dient Intuition als Kompass. Sie ermöglicht schnelles und effektives Handeln, besonders wenn klare Fakten fehlen.

Die Intuition kann bewusst geschärft werden. Methoden wie Reflexion, Meditation oder Journaling helfen, die innere Stimme besser wahrzunehmen und zu nutzen.

Intuition bringt mehr Leichtigkeit und Begeisterung ins Business. Wer ihr vertraut, trifft bessere Entscheidungen, bleibt flexibler und arbeitet mit mehr Freude und Inspiration.

Meilensteine setzen und feiern

Meilensteine setzen und feiern – ein Schlüssel zum langfristigen Erfolg. Viel zu oft hetzen wir von einem Ziel zum nächsten, ohne innezuhalten und zu würdigen, was wir bereits geschafft haben. Dabei sind genau diese Etappen entscheidend: Sie zeigen dir, dass du vorankommst, halten deine Motivation hoch und geben dir die Energie, die du brauchst, um weiterzumachen. Jeder kleine oder große Meilenstein verdient es, gefeiert zu werden – nicht nur als Belohnung, sondern auch als kraftvolle Erinnerung daran, wie weit du schon gekommen bist.

Wichtig ist, dass du dir realistische, erreichbare Ziele setzt. Große Visionen sind gut, aber der Weg dorthin besteht aus vielen kleinen Schritten. Indem du diese Schritte bewusst setzt und sie als eigene Erfolge anerkennst, baust du Momentum auf. Jeder neue Kunde, jedes abgeschlossene Projekt, jede Verbesserung in deinem Business – all das sind Meilensteine, die dich weiterbringen. Wenn du dir diese Erfolge regelmäßig bewusst machst, entsteht eine positive Dynamik, die dich antreibt und stärkt.

Feiern heißt nicht nur, dich selbst zu belohnen – es bedeutet auch, dein Team oder deine Geschäftspartner einzubeziehen. Erfolg entsteht selten im Alleingang. Gemeinsame Erfolge zu würdigen stärkt den Zusammenhalt und sorgt für eine Arbeitsatmosphäre, in der sich alle wertgeschätzt fühlen. Selbst wenn du als Einzelunternehmer unterwegs bist, kannst du deine Erfolge teilen – mit Kunden, mit anderen Selbständigen, mit Menschen, die dich auf deinem Weg begleiten.

Und genau hier liegt eine weitere Chance: Meilensteine feiern bedeutet auch Netzwerken. Nutze Erfolge als Anlass, um mit anderen ins Gespräch zu kommen, Erfahrungen auszutauschen und neue Perspektiven zu gewinnen. Diese Momente der Reflexion und des gemeinsamen Feierns können dir wertvolle Impulse geben – für neue Ideen, neue Kooperationen und den nächsten großen Schritt in deinem Business.

Letztendlich sind es nicht nur die großen Siege, die zählen, sondern die vielen kleinen Erfolge auf dem Weg. Sie bringen dich Schritt für Schritt näher an deine Vision. Also mach sie sichtbar, lass sie leuchten und feiere sie. Denn genau diese Momente geben dir die Begeisterung und die Energie, um dranzubleiben – mit Freude, Klarheit und echtem Unternehmergeist.

5 Kernaussagen für Schnellleser

Meilensteine helfen, Fortschritt sichtbar zu machen. Sie geben Struktur, halten dich fokussiert und stärken deine Motivation.

Auch kleine Erfolge sollten gefeiert werden. Jedes abgeschlossene Projekt oder jeder gewonnene Kunde ist ein Meilenstein, der dein Selbstvertrauen stärkt.

Gemeinsames Feiern stärkt das Team. Anerkennung und Wertschätzung fördern den Zusammenhalt und sorgen für eine positive Arbeitsatmosphäre.

Meilensteine können dein Netzwerk erweitern. Teile deine Erfolge mit Geschäftspartnern und Gleichgesinnten, um neue Impulse und Ideen zu erhalten.

Feiern hält die Begeisterung für dein Business lebendig. Jeder Erfolg bringt dich näher an deine Vision und gibt dir die Energie, weiterzumachen.

Kapitel 6: Strukturen schaffen, die begeistern

Effiziente Arbeitsabläufe entwickeln

Effiziente Arbeitsabläufe sind das Rückgrat deines Unternehmens. Sie entscheiden darüber, ob du mit Leichtigkeit vorankommst oder ständig gegen Unsichtbares ankämpfst. Gerade als Selbständiger oder Unternehmer eines kleinen Unternehmens bist du oft in viele Aufgaben gleichzeitig involviert – und genau hier liegt die größte Gefahr: ineffiziente Prozesse kosten dich nicht nur Zeit, sondern auch Energie und Kreativität. Wenn du deine Abläufe überdenkst und optimierst, schaffst du dir mehr Freiraum für das, was dein Business wirklich voranbringt.

Der erste Schritt ist eine ehrliche Bestandsaufnahme. Schau dir genau an, wo Zeit verloren geht. Welche Aufgaben ziehen sich in die Länge? Wo entstehen wiederholt Engpässe? Welche Abläufe wirken umständlich oder führen regelmäßig zu Verzögerungen? Ein einfaches, aber wirkungsvolles Mittel ist es, deine Arbeitswoche bewusst zu protokollieren. Notiere dir, womit du deine Zeit verbringst – schon nach wenigen Tagen wirst du Muster erkennen und sehen, wo Optimierungspotenzial liegt.

Oft steckt die Lösung in der Digitalisierung. Moderne Tools können Routineaufgaben automatisieren und den Kommunikationsfluss im Team verbessern. Statt täglich E-Mails hin und her zu schicken, kann eine gut eingerichtete Projektmanagement-Software für klare Strukturen sorgen. Rechnungen, Buchhaltung, Terminplanung – all das lässt sich mit den richtigen Tools effizienter gestalten. Falls du skeptisch bist, weil du befürchtest, dass die Umstellung zu kompliziert oder teuer ist, starte klein. Teste eine Software erst in einem einzelnen Bereich und beobachte den Effekt. In vielen Fällen wird sich die Zeitersparnis schnell bemerkbar machen.

Doch es geht nicht nur um Technik – die Menschen in deinem Unternehmen sind ebenso entscheidend. Ein eingespieltes Team, in dem jeder seine Stärken kennt und sich aktiv einbringen kann, arbeitet effektiver und mit mehr Begeisterung. Regelmäßige Meetings helfen dabei, Ideen auszutauschen, Herausforderungen frühzeitig zu erkennen und Abläufe gemeinsam zu verbessern. Sorge dafür, dass jeder versteht, warum bestimmte Prozesse optimiert werden, und beziehe dein Team aktiv mit ein. Das schafft nicht nur Klarheit, sondern auch Motivation.

Weiterbildung ist ein weiterer Schlüssel zur Effizienz. Dein Markt verändert sich ständig, und wer Schritt halten will, muss lernen, sich anzupassen. Neue Methoden, smartere Strategien, technologische Entwicklungen – all das kann dir helfen, Abläufe zu optimieren. Investiere in Schulungen, nimm dir Zeit, um neue Ideen auszuprobieren, und sei offen für Veränderungen. Nicht jede Optimierung funktioniert sofort, aber wer den Mut hat, zu experimentieren, findet langfristig Lösungen, die das eigene Business voranbringen.

Wichtig ist, dass du die Fortschritte misst. Setze dir klare Ziele und überprüfe regelmäßig, ob die neuen Abläufe tatsächlich für mehr Effizienz sorgen. Spürst du eine Zeitersparnis? Gibt es weniger Stress? Werden Projekte schneller abgeschlossen? Je bewusster du deine Verbesserungen wahrnimmst, desto größer ist die Motivation, weiter an deinen Prozessen zu feilen. Und vergiss nicht: Jeder kleine Erfolg zählt. Feiere deine Fortschritte – denn jedes optimierte System, jede gewonnene Stunde und jede Vereinfachung bringt dich ein Stück näher an ein Business, das nicht nur läuft, sondern dich auch begeistert.

5 Kernaussagen für Schnellleser

Effizienz beginnt mit Klarheit – Wer seine Arbeitsabläufe bewusst analysiert, erkennt schnell, wo Zeit verloren geht und wo Optimierungspotenzial liegt.

Automatisierung spart Zeit und Nerven – Digitale Tools für Buchhaltung, Projektmanagement oder Terminplanung reduzieren manuelle Aufgaben und schaffen mehr Freiraum.

Ein starkes Team macht den Unterschied – Wenn jeder seine Stärken kennt und Prozesse klar definiert sind, läuft die Zusammenarbeit reibungsloser und effektiver.

Weiterentwicklung hält dich wettbewerbsfähig – Wer sich regelmäßig mit neuen Methoden, Technologien und Strategien auseinandersetzt, bleibt flexibel und verbessert kontinuierlich seine Abläufe.

Messbare Fortschritte motivieren – Wer Erfolge sichtbar macht und feiert, steigert die eigene Begeisterung und bleibt langfristig dran, sein Business zu optimieren.

Tools und Techniken zur Unterstützung

Struktur schafft Freiheit. Wenn du dich nicht mehr mit endlosen To-do-Listen, unklaren Prozessen oder ineffizienten Abläufen herumschlagen musst, bleibt mehr Raum für das, was wirklich zählt: Wachstum, Kreativität und die Begeisterung für dein Business. Doch welche Tools und Techniken helfen dir konkret, diesen Freiraum zu schaffen? Hier sind praxiserprobte Ansätze, die du direkt umsetzen kannst.

Aufgaben bündeln statt verzetteln – Die Power von Zeitblöcken

Multitasking ist der Killer jeder Produktivität. Statt ständig zwischen Aufgaben hin und her zu springen, solltest du ähnliche Tätigkeiten bündeln und in festen Zeitblöcken abarbeiten. Nutze dafür die **Time-Blocking-Methode**: Plane deine Woche im Voraus und reserviere gezielt Zeit für wiederkehrende Aufgaben – z. B. Montagvormittag für Strategie, Dienstag für Kundengespräche, Mittwochnachmittag für Rechnungen. Ein Tool wie **Google Calendar oder Sunsama** hilft dir dabei, diese Zeitblöcke zu visualisieren und konsequent einzuhalten.

Automatisierung: Lass Routineaufgaben für dich arbeiten

Viele wiederkehrende Aufgaben kosten dich täglich wertvolle Zeit, die du für strategische Arbeit nutzen könntest. Automatisierung schafft hier Abhilfe.

- **Rechnungen & Buchhaltung:** Statt Rechnungen händisch zu schreiben, nutze Tools wie **Lexoffice oder SevDesk**, die Angebote, Rechnungen und Mahnungen automatisch generieren und mit deinem Bankkonto synchronisieren.
- **Terminplanung:** Statt endlose Mails für Terminabsprachen hin und her zu schicken, nutze **Calendly oder Microsoft Bookings**, damit Kunden direkt in deinem Kalender einen freien Slot buchen können.
- **E-Mail-Abläufe:** Falls du regelmäßig ähnliche Anfragen bekommst, erstelle automatische Antwortvorlagen oder nutze **Zapier**, um Prozesse zwischen E-Mail, CRM und anderen Tools zu verbinden.

Fokus steigern mit der 90-Minuten-Regel

Unser Gehirn arbeitet in natürlichen Konzentrationszyklen von etwa 90 Minuten. Danach fällt die Produktivität ab. Statt also in langen, ermüdenden Sessions zu arbeiten, setze auf **90-Minuten-Fokus-Sprints**. Stell dir einen Timer (z. B. mit der **Forest-App** oder einem einfachen Küchentimer), arbeite intensiv an einer Aufgabe – dann folgt eine echte Pause. Keine Mails, kein Social Media – sondern Bewegung, frische Luft oder ein kurzer Tapetenwechsel. Das steigert nicht nur deine Effizienz, sondern auch deine Energie.

Schneller Entscheidungen treffen mit der 2-Minuten-Regel

Oft blockieren uns Kleinigkeiten, die wir vor uns herschieben. Die **2-Minuten-Regel von David Allen** hilft: Wenn eine Aufgabe in weniger als zwei Minuten erledigt werden kann, mach sie sofort. Alles, was länger dauert, kommt auf eine Aufgabenliste und wird in einem Zeitblock bearbeitet. So hältst du deinen Kopf frei für das Wesentliche.

Reflexion & Klarheit durch ein CEO-Tagebuch

Ein Tool, das kaum jemand nutzt, aber enorm viel bringt: Ein einfaches Notizbuch oder eine App wie **Day One oder Notion** als **persönliches CEO-Tagebuch**. Jeden Morgen oder Abend reflektierst du kurz:

- Was war heute mein größter Fortschritt?
- Was hat mich aufgehalten?
- Was kann ich morgen besser machen?
  Diese Mini-Reflexionen verhindern, dass du einfach weitermachst, ohne deine Prozesse zu hinterfragen. Sie bringen Fokus, Klarheit und helfen dir, Muster in deiner Arbeit zu erkennen – und zu verbessern.

Projekte im Griff behalten mit einfachen Visualisierungen

Kennst du das Gefühl, dass du an zu vielen Baustellen gleichzeitig arbeitest und nichts richtig fertig wird? Ein **Kanban-Board** bringt sofort Struktur in deine Projekte. Tools wie **Trello oder MeisterTask** helfen dir, Aufgaben sichtbar zu machen, Prioritäten zu setzen und Engpässe zu erkennen. Wenn du lieber analog arbeitest, nutze eine einfache **Whiteboard-Wand** mit Klebezetteln für offene, laufende und erledigte Aufgaben.

Meetings schlanker und effizienter machen

Viele Selbständige verbringen zu viel Zeit in ineffektiven Meetings oder Abstimmungen. Setze klare Regeln:

Keine Meetings ohne Agenda.

Maximal 30 Minuten, Fokus auf Entscheidungen.

- **Protokolle direkt in Notion oder Evernote dokumentieren.** Wenn du viel mit Kunden oder Partnern arbeitest, nutze **Loom oder Vidyard**, um kurze Videoupdates statt langer Meetings zu senden – spart Zeit und macht Inhalte greifbarer.

Tools sind nur Mittel zum Zweck – setze sie gezielt ein

Technik ist keine Lösung, wenn du nicht weißt, wo dein größtes Zeitleck liegt. Statt dich mit 100 Apps zu überfordern, starte mit einer simplen Frage: **Wo verliere ich am meisten Zeit oder Energie?** Dann wähle gezielt ein Tool oder eine Technik aus, teste sie für zwei Wochen und bewerte den Effekt. Sobald du sie in deinen Alltag integriert hast, kannst du den nächsten Bereich optimieren. So schaffst du dir schrittweise ein System, das dir nicht nur mehr Produktivität bringt, sondern dir auch mehr Freiraum und Begeisterung für dein Business zurückgibt.

Teamdynamik und Motivation stärken

Dein Team ist das Herzstück deines Unternehmens. Wenn die Zusammenarbeit gut läuft, steigen nicht nur Produktivität und Effizienz, sondern auch die Begeisterung für die gemeinsame Arbeit. Doch starke Teamdynamik passiert nicht von allein – sie muss aktiv gestaltet werden.

Der erste Schritt: **Erkenne und nutze die individuellen Stärken.** Jeder bringt etwas Einzigartiges mit, sei es analytisches Denken, kreative Lösungsansätze oder soziale Kompetenz. Je besser du verstehst, wer welche Fähigkeiten hat, desto gezielter kannst du Aufgaben verteilen. Ein einfacher Weg, um diese Stärken sichtbar zu machen, ist es, mit jedem im Team regelmäßig ins Gespräch zu gehen. Welche Aufgaben machen wirklich Spaß? Wo liegt ungenutztes Potenzial? Wer sich im richtigen Bereich entfalten kann, ist motivierter, übernimmt Verantwortung und bringt bessere Ergebnisse.

Ohne klare Kommunikation funktioniert kein Team. **Sorge für offene und ehrliche Gespräche.** Missverständnisse und unausgesprochene Probleme können die Dynamik schnell bremsen. Regelmäßige, aber kurze Check-ins – ob in Meetings oder 1:1-Gesprächen – helfen, Konflikte frühzeitig zu klären und Ideen konstruktiv auszutauschen. Auch digitale Tools wie **Slack oder Microsoft Teams** können helfen, den Austausch flüssig zu halten, ohne dass jeder ständig aus seiner Arbeit gerissen wird. Wer das Gefühl hat, dass seine Meinung zählt, bringt sich aktiver ein und übernimmt Verantwortung.

Nichts verbindet mehr als ein gemeinsames Ziel. **Sorge dafür, dass alle wissen, worauf sie hinarbeiten.** Wenn dein Team nicht nur Aufgaben abarbeitet, sondern den Sinn dahinter versteht, entsteht echte Motivation. Statt vager Vorgaben braucht es konkrete, greifbare Ziele, die für alle nachvollziehbar sind. Noch stärker wird das Wir-Gefühl, wenn ihr gemeinsam Erfolge feiert – ob durch kleine Team-Events, ein gemeinsames Mittagessen oder einfach eine ehrliche Anerkennung für gute Arbeit.

Teambuilding ist kein unnötiger Luxus, sondern ein echter Boost für den Zusammenhalt. Gemeinsame Erlebnisse außerhalb des Arbeitsalltags schweißen zusammen und bauen Vertrauen auf. Das muss nicht immer ein aufwendiges Event sein – selbst kleine Rituale wie ein gemeinsamer Wochenrückblick oder eine regelmäßige Kaffee-Runde können Wunder wirken. Besonders wirkungsvoll sind Erlebnisse, bei denen das Team gemeinsam eine Herausforderung meistert – sei es ein Workshop, ein Outdoor-Abenteuer oder eine kreative Aufgabe.

Echte Wertschätzung macht den Unterschied. **Lob und Anerkennung sind kostenlose, aber extrem wirksame Werkzeuge.** Wer sich gesehen und geschätzt fühlt, gibt automatisch mehr. Dabei geht es nicht um große Boni oder materielle Belohnungen – oft reicht ein einfaches „Danke", eine kleine Geste oder eine öffentliche Anerkennung der Leistung. Baue eine Feedback-Kultur auf, in der positives Feedback genauso selbstverständlich ist wie konstruktive Verbesserungsvorschläge.

Letztlich zählt auch die Weiterentwicklung. **Menschen, die wachsen können, bleiben motiviert.** Biete deinem Team die Möglichkeit, Neues zu lernen – durch Workshops, interne Weiterbildungen oder einfach durch den Austausch untereinander. Wenn jeder das Gefühl hat, dass er sich weiterentwickeln kann, steigert das nicht nur die Motivation, sondern bringt auch dein Unternehmen voran.

Eine starke Teamdynamik ist kein Zufall, sondern eine bewusste Entscheidung. Setze auf klare Kommunikation, erkenne und fördere die Stärken deiner Mitarbeiter, schaffe gemeinsame Erlebnisse und feiere Erfolge. So entsteht eine Arbeitskultur, in der sich alle gerne engagieren – und genau das macht den Unterschied zwischen einem funktionierenden Team und einem wirklich erfolgreichen Unternehmen.

5 Kernaussagen für Schnellleser

Eine starke Teamdynamik steigert Produktivität und Zufriedenheit. Wenn sich Teammitglieder gegenseitig unterstützen, entsteht eine motivierende und kreative Arbeitsatmosphäre.

Offene Kommunikation ist essenziell. Regelmäßige Meetings und ehrliche Gespräche verhindern Missverständnisse und fördern den Teamgeist.

Gemeinsame Ziele stärken den Zusammenhalt. Klar definierte Ziele und Teambuilding-Aktivitäten schaffen ein gemeinsames Verantwortungsgefühl.

Anerkennung und Wertschätzung motivieren. Feedback, Belohnungen und das Feiern von Erfolgen steigern das Engagement der Mitarbeiter.

Eine Kultur der Weiterentwicklung sorgt für langfristige Motivation. Mitarbeiter sollten ermutigt werden, Ideen einzubringen und ihre Fähigkeiten durch Schulungen auszubauen.

Kapitel 7: Marketing mit Begeisterung

Authentische Kommunikation mit Zielgruppen

Die Grundlage für den Erfolg eines Unternehmens liegt in der Fähigkeit, authentisch mit seinen Zielgruppen zu kommunizieren. In einer Welt, die von Informationen und Meinungen überflutet ist, sehnen sich Menschen nach echtem Kontakt und echter Verbindung. Authentische Kommunikation bedeutet, die eigene Stimme und die eigenen Werte klar und unverfälscht zu vermitteln. Wenn du als Selbständiger oder Geschäftsführer kleiner und mittlerer Unternehmen deine Botschaft ehrlich und transparent kommunizierst, gewinnst du das Vertrauen deiner Kunden und schaffst eine loyale Anhängerschaft, die dich in guten wie in schlechten Zeiten unterstützt.

Um authentisch zu kommunizieren, ist es wichtig, deine Zielgruppe genau zu kennen. Welche Bedürfnisse und Wünsche haben sie? Welche Probleme möchten sie gelöst sehen? Nimm dir die Zeit, um deine Zielgruppe zu erforschen und ihre Perspektiven zu verstehen. Das bedeutet, nicht nur ihre demografischen Daten zu analysieren, sondern auch ihre Emotionen und Motivationen zu erfassen. Wenn du die Sprache deiner Zielgruppe sprichst und ihre Sichtweisen ernst nimmst, wird deine Kommunikation nicht nur relevanter, sondern auch wirkungsvoller. Du schaffst eine Brücke, die es dir ermöglicht, eine tiefere Verbindung aufzubauen.

Ein weiterer entscheidender Aspekt authentischer Kommunikation ist die Konsistenz. Deine Botschaften sollten über alle Kanäle hinweg einheitlich sein – sei es auf deiner Website, in sozialen Medien oder im persönlichen Gespräch. Wenn du inkonsistent bist, verwirrst du deine Zielgruppe und schadest deinem Image. Achte darauf, dass deine Werte und Überzeugungen in all deinen Kommunikationsformen zum Ausdruck kommen. Dies stärkt nicht nur deine Marke, sondern erhöht auch die Glaubwürdigkeit und das Vertrauen, das deine Kunden in dich setzen.

Authentizität bedeutet auch, Verletzlichkeit zu zeigen. Menschen fühlen sich zu Marken hingezogen, die nicht nur ihre Erfolge, sondern auch ihre Herausforderungen und Rückschläge teilen. Indem du offen über deine Erfahrungen sprichst, schaffst du eine menschliche Verbindung, die über das bloße Geschäftliche hinausgeht. Zeige deinen Kunden, dass du nicht perfekt bist, dass du lernst und wächst. Dies fördert eine Atmosphäre der Offenheit und des gegenseitigen Verständnisses, die für langfristige Beziehungen unerlässlich ist.

Schließlich erfordert authentische Kommunikation Mut. Es kann herausfordernd sein, sich verletzlich zu zeigen und die eigene Meinung zu vertreten, besonders in einem wettbewerbsintensiven Umfeld. Doch genau dieser Mut wird belohnt. Wenn du den Weg der Authentizität gehst, wirst du nicht nur in der Lage sein, dein Business mit mehr Leichtigkeit zu gestalten, sondern auch Begeisterung und Leidenschaft zurückzugewinnen. Lass dich von deiner Vision leiten und sprich mit deinem Herzen – die Menschen werden dich hören und sich mit deiner Botschaft identifizieren.

5 Kernaussagen für Schnellleser

Authentische Kommunikation schafft Vertrauen und Loyalität. Menschen suchen nach echter Verbindung – sei ehrlich, transparent und klar in deiner Botschaft.

Kenne deine Zielgruppe genau. Verstehe ihre Bedürfnisse, Emotionen und Probleme, um relevante und wirkungsvolle Kommunikation zu schaffen.

Konsistenz ist entscheidend. Deine Werte und Botschaften sollten über alle Kanäle hinweg einheitlich sein, um Glaubwürdigkeit zu stärken.

Zeige auch deine Herausforderungen. Verletzlichkeit macht dich nahbar – Kunden schätzen es, wenn du nicht nur Erfolge, sondern auch Lernprozesse teilst.

Authentizität erfordert Mut – und wird belohnt. Wer offen und echt kommuniziert, zieht die richtigen Menschen an und bringt mehr Begeisterung in sein Business.

Storytelling als Marketinginstrument

In einer Welt voller Reizüberflutung reicht es nicht mehr, einfach nur präsent zu sein. Wer heute als Unternehmer sichtbar sein will, muss eine Geschichte erzählen, die berührt, fesselt und im Gedächtnis bleibt. Hier kommt Storytelling ins Spiel – die Kunst, Emotionen zu wecken und echte Verbindungen zu schaffen.

Doch nicht irgendeine Geschichte, sondern deine. Dein Weg als Unternehmer folgt einer Dramaturgie, die seit Jahrtausenden funktioniert: der Heldenreise. Am Anfang steht der Ruf – die Idee, die dich antreibt. Dann die Herausforderungen, die Zweifel, die Hürden. Doch du hast sie überwunden, bist gewachsen und stehst heute genau hier. Diese Entwicklung ist es, die Menschen inspiriert. Sie wollen nicht nur ein Produkt oder eine Dienstleistung – sie wollen fühlen, was dich antreibt, woran du glaubst und warum du tust, was du tust.

Fakten überzeugen. Geschichten begeistern. Anstatt nur zu erklären, was du anbietest, erzähle, wie du dorthin gekommen bist. Was war dein Moment der Wahrheit? Welche Hindernisse hast du gemeistert? Diese Erlebnisse machen deine Marke greifbar. Sie verleihen ihr Tiefe, Persönlichkeit und eine emotionale Dimension, die keine Werbeanzeige je erreichen kann.

Storytelling bedeutet auch, deine Werte lebendig zu machen. Menschen kaufen nicht nur Produkte – sie folgen Ideen, mit denen sie sich identifizieren können. Teile deine Mission, deine Überzeugungen, deine Vision für die Zukunft. Eine Geschichte, die Menschen bewegt, bleibt nicht nur im Kopf, sondern auch im Herzen. Und wenn sich deine Zielgruppe mit deiner Philosophie verbunden fühlt, wird sie dich nicht nur unterstützen, sondern aktiv weiterempfehlen.

Noch nie war es so einfach, Geschichten zu erzählen. Social Media ist die perfekte Bühne für deine Heldenreise. Nutze Bilder, Videos, Texte – bring deine Story in Bewegung. Jede Interaktion ist eine Gelegenheit, dein Publikum in deine Welt einzuladen. Je häufiger du deine Geschichte teilst, desto stärker wird deine Marke in den Köpfen der Menschen verankert.

Storytelling ist kein Luxus – es ist dein stärkstes Werkzeug. Es zeigt deine Einzigartigkeit, baut Vertrauen auf und schafft eine loyale Community. Und es bringt dich zurück zu dem, was dich ursprünglich angetrieben hat. Also erzähl deine Geschichte. Leidenschaftlich, ehrlich, fesselnd. Lass sie für dich arbeiten – und sieh zu, wie dein Business aufblüht.

5 Kernaussagen für Schnellleser

Storytelling ist das stärkste Werkzeug, um dich von der Masse abzuheben. Fakten überzeugen – aber Geschichten begeistern, schaffen Vertrauen und machen deine Marke unvergesslich.

Dein Unternehmerweg folgt der Heldenreise. Vom ersten Impuls über Herausforderungen bis zum Erfolg – genau das inspiriert Kunden und baut echte Verbindungen auf.

Menschen kaufen nicht nur Produkte, sondern Werte. Deine Geschichte zeigt, woran du glaubst und warum du tust, was du tust – und genau das zieht die richtigen Kunden an.

Social Media ist die perfekte Bühne für dein Storytelling. Nutze Videos, Bilder und Texte, um deine Geschichte lebendig zu erzählen und deine Community emotional einzubinden.

Erzähle deine Geschichte leidenschaftlich und authentisch. Damit stärkst du deine Marke, baust eine treue Fangemeinde auf – und holst die Begeisterung zurück, die dich antreibt.

Netzwerken und Kooperationen

Netzwerken und Kooperationen sind keine Nebensache – sie sind das Fundament für nachhaltigen Erfolg. In einer Welt, in der alles miteinander verknüpft ist, liegt enormes Potenzial darin, aktiv Beziehungen aufzubauen. Wenn du dich mit anderen Unternehmern, Freiberuflern oder strategischen Partnern verbindest, eröffnen sich neue Perspektiven, Synergien entstehen – und plötzlich bewegt sich dein Business in eine völlig neue Richtung.

Ein starkes Netzwerk ist kein loses Konstrukt aus Kontakten, sondern ein lebendiges Ökosystem, in dem jeder seinen Beitrag leistet. Kooperationen machen es möglich, Ressourcen und Wissen zu bündeln, größere Projekte zu stemmen und neue Märkte zu erschließen. Du bist nicht mehr allein, sondern hast Gleichgesinnte an deiner Seite – Menschen, die dich unterstützen, inspirieren und dir dabei helfen, dein volles Potenzial auszuschöpfen.

Und das Beste daran? Netzwerken steigert automatisch deine Sichtbarkeit. Wer aktiv teilnimmt, sei es bei Events, in Online-Communities oder durch persönliche Gespräche, bleibt im Gedächtnis. Menschen erinnern sich nicht an den, der schweigt, sondern an den, der teilt – Ideen, Impulse, Erfahrungen. Genau so entsteht Vertrauen. Und wo Vertrauen wächst, entstehen neue Geschäftsmöglichkeiten.

Doch Netzwerken ist keine Einbahnstraße. Erfolgreiche Beziehungen basieren auf Echtheit, Interesse und Wertschätzung. Höre zu, sei neugierig, unterstütze andere ohne sofortige Gegenleistung. Es geht nicht darum, möglichst viele Kontakte zu sammeln, sondern um echte Verbindungen, die langfristig Bestand haben.

Zeig Initiative, teile dein Wissen, bring dich ein. Wer bereit ist, zu geben, wird langfristig auch empfangen. Kooperationen, die auf Gegenseitigkeit beruhen, sind der Schlüssel zu mehr Leichtigkeit und Freude im Business. Denn wenn du dich mit den richtigen Menschen umgibst, wird Unternehmertum nicht nur erfolgreicher – sondern auch erfüllender.

5 Kernaussagen für Schnellleser

Netzwerken und Kooperationen sind essenziell für den Erfolg. Der Austausch mit anderen Unternehmern schafft neue Perspektiven und stärkt dein Business.

Ein starkes Netzwerk eröffnet Synergien und Wachstumschancen. Durch Kooperationen kannst du Ressourcen, Wissen und Fähigkeiten bündeln, um größere Projekte zu realisieren.

Sichtbarkeit und Glaubwürdigkeit wachsen durch aktives Netzwerken. Wer sich in Veranstaltungen, Online-Communities oder Workshops engagiert, bleibt in den Köpfen potenzieller Partner und Kunden.

Echte Beziehungen entstehen durch Interesse und Offenheit. Authentisches Netzwerken bedeutet, zuzuhören, andere zu unterstützen und gemeinsam an Lösungen zu arbeiten.

Geben und Nehmen ist der Schlüssel zu langfristigen Kooperationen. Wer anderen hilft und sein Wissen teilt, schafft wertvolle Verbindungen und öffnet Türen zu neuen Möglichkeiten.

Kapitel 8: Die Balance zwischen Arbeit und Leben

Burnout vermeiden – Achtsamkeit im Alltag

Vor einiger Zeit war ich an einem Punkt, an dem mir alles zu viel wurde. Der Druck, die endlosen To-do-Listen, das Gefühl, immer funktionieren zu müssen – all das hatte mich so vereinnahmt, dass ich mich selbst kaum noch wahrnahm. Ich arbeitete weiter, Tag für Tag, ohne zu merken, dass meine Energie langsam versickerte. Erst ein einfacher Online-Test machte mir bewusst, dass ich möglicherweise schon mitten in einem Burnout steckte. Zunächst tat ich das ab. Doch irgendwann war mir klar: Ich brauche Klarheit. Also suchte ich eine spezialisierte Praxis auf – und bekam die Bestätigung. Erschöpfung. Überlastung. Klassische Alarmzeichen.

Aber genau hier begann auch der Wendepunkt. Ich bekam einen klaren Plan, um mich wieder zu stabilisieren. Schritt für Schritt fand ich zurück in meine Kraft. Doch eine Frage ließ mich nicht los: **Wie kann ich in Zukunft so arbeiten, dass ich nie wieder an diesen Punkt komme?** Die Erfahrung hat mir gezeigt, dass Erfolg nicht bedeutet, sich aufzureiben – sondern mit Freude und Energie bei der Sache zu sein. Der Schlüssel? Achtsamkeit. Keine esoterische Floskel, sondern eine ganz praktische Strategie, um Stress frühzeitig zu erkennen und eine nachhaltige Balance zu schaffen.

Gerade als Unternehmer ist es leicht, sich in einem Strudel aus Terminen, Aufgaben und Erwartungen zu verlieren. Wer rastlos von Meeting zu Meeting hetzt, sich selbst kaum noch Raum gibt und ständig das Gefühl hat, nicht genug zu leisten, zahlt einen hohen Preis. Doch wahre Produktivität entsteht nicht durch unermüdliches Schuften – sondern durch kluge Energieplanung. Es geht nicht darum, sich aus dem Business zurückzuziehen oder stundenlang zu meditieren, sondern darum, bewusst wahrzunehmen: **Wie geht es mir gerade? Was brauche ich wirklich?**

Eine einfache, aber wirksame Methode ist, gezielt kleine Pausen in den Alltag einzubauen. Viele glauben, sie müssten ununterbrochen arbeiten, um erfolgreich zu sein. Doch in Wahrheit bringen kurze Unterbrechungen mehr Klarheit und Effektivität. Ein Spaziergang, ein paar bewusste Atemzüge, ein Moment der Stille – oft reicht das schon, um den Kopf freizubekommen und neue Kraft zu schöpfen. Diese Mini-Auszeiten sind keine verlorene Zeit. Sie sind der Schlüssel, um mit Energie weiterzumachen.

Auch das Führen eines Achtsamkeitstagebuchs kann helfen, sich selbst bewusster wahrzunehmen. Wer regelmäßig notiert, was ihm Energie gibt und was ihn auslaugt, entdeckt Muster, bevor es kritisch wird. Schreiben kann in stressigen Zeiten ein innerer Kompass sein – ein Werkzeug, um rechtzeitig Kurskorrekturen vorzunehmen, bevor der eigene Akku leer ist.

Doch Achtsamkeit hört nicht beim eigenen Denken auf – auch das Arbeitsumfeld spielt eine entscheidende Rolle. Räume, die Klarheit und Wohlbefinden fördern, helfen dabei, sich zu fokussieren. Helle, aufgeräumte Arbeitsplätze, Pflanzen, angenehmes Licht – all das beeinflusst mehr, als man denkt. Selbst Meetings lassen sich achtsamer gestalten, indem sie nicht als Pflichtveranstaltungen gesehen werden, sondern als Möglichkeit, gemeinsam produktiv zu sein.

Doch all das bringt nichts, wenn du nicht bereit bist, dich selbst ehrlich zu hinterfragen. Viele Selbständige sind so darauf programmiert, „einfach weiterzumachen", dass sie die Warnsignale überhören. Doch Burnout kommt schleichend: Erst Erschöpfung, dann Unzufriedenheit, schließlich das Gefühl, dass alles zu viel ist. Wer frühzeitig stoppt und reflektiert, kann verhindern, dass es soweit kommt.

Letztlich geht es darum, eine neue Haltung zum eigenen Erfolg zu entwickeln. Der Mythos, dass nur derjenige erfolgreich ist, der rund um die Uhr arbeitet, ist längst überholt. In Wahrheit wachsen die, die ihre Energie bewusst einsetzen – und die ihr Unternehmen mit Freude führen. Erfolg bedeutet nicht, sich aufzureiben. Erfolg bedeutet, mit Begeisterung und Klarheit an den eigenen Zielen zu arbeiten.

Achtsamkeit ist keine einmalige Entscheidung, sondern eine bewusste, tägliche Praxis. Du entscheidest: Bleibst du im Hamsterrad gefangen? Oder beginnst du, mit mehr Bewusstsein, Klarheit und Leichtigkeit zu arbeiten? Die Antwort auf diese Frage kann dein gesamtes Business – und dein Leben – verändern.

5 Kernaussagen für Schnellleser

Burnout entsteht oft unbemerkt durch anhaltende Überlastung. Wer ständig unter Druck steht und Warnsignale ignoriert, riskiert langfristige Erschöpfung.

Achtsamkeit hilft, Stress frühzeitig zu erkennen und gegenzusteuern. Bewusstes Innehalten, reflektierte Pausen und Selbstwahrnehmung verhindern Überlastung.

Kleine Pausen im Alltag steigern Produktivität und Wohlbefinden. Kurze Spaziergänge, Atemübungen oder Momente der Stille helfen, den Kopf freizubekommen.

Ein Achtsamkeitstagebuch fördert Selbstreflexion und Klarheit. Regelmäßiges Schreiben hilft, Muster zu erkennen und bewusster mit Stress umzugehen.

Erfolg bedeutet nicht, sich aufzureiben, sondern mit Energie und Freude zu arbeiten. Nachhaltige Leistung entsteht durch bewusste Selbstfürsorge und kluge Energieplanung.

Entspannungstechniken für Unternehmer

Entspannung ist kein Luxus – sie ist ein Muss. Wer als Unternehmer dauerhaft auf Hochtouren läuft, zahlt irgendwann den Preis: nachlassende Kreativität, sinkende Produktivität, ständige Erschöpfung. Doch mit einfachen Techniken kannst du deinen Akku gezielt aufladen, ohne dass dein Business darunter leidet. Im Gegenteil: Entspannung steigert deine Effektivität. Also Schluss mit dem Gedanken, dass Pausen „unproduktiv" sind – sie sind dein geheimer Erfolgsbooster.

Bewegung statt Gedankenkreisen

Wenn du feststeckst, geh raus. Ein zehnminütiger Spaziergang, ein paar Dehnübungen oder sogar einmal bewusst den Arbeitsplatz wechseln – Bewegung holt dich aus dem Stressmodus raus. Die frische Luft und das veränderte Umfeld setzen neue Impulse. Ideal, wenn du nicht mehr weiterkommst oder dein Kopf eine Pause braucht.

Die 50/10-Regel für mehr Energie

Setze dir klare Arbeitsblöcke: 50 Minuten fokussiertes Arbeiten, dann 10 Minuten bewusste Pause. Kein Scrollen, kein E-Mails-Checken – sondern aufstehen, bewegen, durchatmen. Diese Technik hält deine Energie über den Tag hinweg stabil und verhindert, dass du irgendwann völlig ausgelaugt bist.

Mikro-Entspannung in 30 Sekunden

Keine Zeit für eine längere Pause? Kein Problem. Schließe für 30 Sekunden die Augen, konzentriere dich auf deine Atmung oder höre bewusst auf die Geräusche um dich herum. Diese Mini-Entspannungsmomente bringen dich zurück ins Hier und Jetzt und helfen dir, nicht in der Hektik unterzugehen.

Klare Grenzen setzen – für echte Erholung

Work-Life-Balance fängt nicht bei Freizeit an, sondern bei Grenzen im Job. Definiere klare Zeiten, wann du nicht erreichbar bist – und halte dich daran. Keine E-Mails nach Feierabend, kein Telefon während der Mittagspause. Klingt ungewohnt? Ja. Aber es sorgt dafür, dass du mit frischem Kopf in den nächsten Tag startest, anstatt dich in ständiger Erreichbarkeit auszubrennen.

Austausch mit Gleichgesinnten statt Isolation

Sprich mit anderen Unternehmern über deine Herausforderungen. Sei es in Netzwerktreffen, Online-Gruppen oder einfach bei einem Kaffee mit einem Kollegen – manchmal reicht schon ein Gespräch, um neue Perspektiven zu gewinnen und Stress abzubauen. Niemand muss alles allein lösen.

Schnelle Entspannungsübung: 3-Minuten-Atemfokus

Diese einfache Atemübung hilft dir, in wenigen Minuten Stress abzubauen, Klarheit zu gewinnen und dich wieder zu fokussieren – perfekt für den Büroalltag. So funktioniert's:

- Setze dich bequem hin – aufrecht, aber entspannt. Lege die Hände locker auf den Oberschenkeln ab und schließe sanft die Augen (wenn du möchtest).
- Atme tief durch die Nase ein und zähle dabei langsam bis vier. Spüre, wie sich dein Bauch hebt.
- Halte den Atem für zwei Sekunden an und konzentriere dich auf das Gefühl der Ruhe.
- Atme langsam durch den Mund aus und zähle dabei bis sechs. Spüre, wie die Spannung mit der Ausatmung weicht.
- Wiederhole den Atemrhythmus für 3 Minuten. Falls deine Gedanken abschweifen, bring deine Aufmerksamkeit sanft zum Atem zurück.

Diese Übung wirkt, weil sie den Stresszyklus unterbricht und den Körper innerhalb weniger Minuten in einen entspannten Zustand versetzt. Durch die bewusste Atmung wird die mentale Unruhe reduziert, wodurch sich der Fokus schärft und die Gedanken klarer werden. Sie ist jederzeit durchführbar – egal ob am Schreibtisch, zwischen Meetings oder vor einer wichtigen Entscheidung. Bereits nach drei Minuten stellt sich eine spürbare innere Ruhe ein, sodass du mit neuer Energie und mehr Gelassenheit weiterarbeiten kannst.

Entspannung ist produktiv

Ein klarer Kopf und ein entspannter Geist bringen mehr als zehn Überstunden. Integriere kleine Entspannungstechniken in deinen Alltag, um fokussierter, kreativer und belastbarer zu sein. Probier's aus – du wirst den Unterschied spüren.

5 Kernaussagen für Schnellleser

Entspannungstechniken helfen, Stress abzubauen und den Fokus zu behalten. Unternehmer profitieren von bewussten Ruhephasen, um Kreativität und Produktivität zu steigern.

Achtsamkeit und Meditation fördern innere Balance. Bereits wenige Minuten täglicher Atemübungen helfen, Stress zu reduzieren und gelassener auf Herausforderungen zu reagieren.

Zeit in der Natur steigert Wohlbefinden und Inspiration. Spaziergänge oder Aufenthalte im Grünen klären den Kopf und bringen neue Perspektiven ins Business.

Eine klare Work-Life-Balance ist essenziell für langfristigen Erfolg. Geplante Pausen und bewusste Grenzen zwischen Arbeit und Privatleben erhöhen die Leistungsfähigkeit.

Austausch mit Gleichgesinnten stärkt Resilienz und Motivation. Regelmäßige Gespräche mit anderen Unternehmern helfen, Stress besser zu bewältigen und neue Ideen zu entwickeln.

Kapitel 9: Erfolg messen und feiern

Kennzahlen und Erfolgskontrolle

Kennzahlen: Der präziseste Kompass für deinen Erfolg

Kennzahlen sind keine trockenen Zahlenkolonnen – sie sind der Pulsschlag deines Unternehmens. Sie zeigen dir nicht nur, wo du stehst, sondern auch, in welche Richtung du dich bewegen solltest. Ohne sie bleibt Erfolg eine vage Idee. Mit ihnen kannst du messbar machen, was wirklich funktioniert – und was nicht.

Doch welche Zahlen sind wirklich entscheidend? Hier sind einige der wichtigsten Kennzahlen und wie du sie berechnest:

Umsatzwachstum (%) → Wie entwickelt sich dein Geschäft?
Formel: ((Umsatz aktueller Zeitraum – Umsatz vorheriger Zeitraum) / Umsatz vorheriger Zeitraum) × 100
Praxis: Vergleiche deine Umsätze monatlich oder quartalsweise. Stagnation? Dann ist es Zeit, deine Strategie zu hinterfragen.

Deckungsbeitrag (%) → Wie profitabel ist dein Unternehmen?
Formel: (Umsatz – variable Kosten) / Umsatz × 100
Praxis: Zeigt dir, ob du mit jedem verkauften Produkt tatsächlich Geld verdienst – oder ob deine Kostenstruktur überarbeitet werden muss.

Cashflow → Fließt genug Geld?
Formel: Einnahmen – Ausgaben
Praxis: Entscheidend für deine Liquidität. Ein positiver Cashflow bedeutet, dass du zahlungsfähig bleibst – unabhängig davon, wie hoch dein Umsatz ist.

Kundengewinnungskosten (Customer Acquisition Cost, CAC) →
Was kostet dich ein neuer Kunde?
Formel: (Gesamtkosten für Marketing + Vertrieb) / Anzahl neuer
Kunden
Praxis: Senke deine CAC, indem du gezieltere
Marketingmaßnahmen einsetzt oder die Kundenbindung erhöhst.

Kundenwert (Customer Lifetime Value, CLV) → Wie viel bringt
dir ein Kunde langfristig?
Formel: (Durchschnittlicher Umsatz pro Kunde ×
Wiederholungskäufe × Kundenbeziehungsdauer)
Praxis: Ein hoher CLV zeigt, dass deine Kunden wiederkommen
und langfristig Umsatz generieren. Strategien zur Kundenbindung
zahlen sich aus.

Konversionsrate (%) → Wie effektiv sind deine Verkaufsprozesse?
Formel: (Anzahl der Abschlüsse / Anzahl der Interessenten) × 100
Praxis: Eine niedrige Konversionsrate bedeutet, dass deine
Interessenten abspringen – Zeit, deine Verkaufsstrategie oder dein
Angebot zu optimieren.

Marketing-ROI → Lohnt sich dein Marketingbudget?
Formel: (Umsatz aus Marketingmaßnahmen – Marketingkosten) /
Marketingkosten × 100
Praxis: Zeigt dir, ob deine Marketingstrategie profitabel ist oder
Geld verbrennt.

Doch Kennzahlen sind nur so wertvoll, wie du sie nutzt. Deshalb:

Setze klare Ziele: Willst du den Umsatz steigern, die Kosten senken oder mehr wiederkehrende Kunden? Definiere messbare Zielgrößen.

Überprüfe regelmäßig: Erfolgsanalyse ist keine einmalige Aufgabe. Tracke deine wichtigsten Kennzahlen wöchentlich oder monatlich.

Reagiere auf Abweichungen: Stagnierende Zahlen? Dann justiere deine Strategie. Kennzahlen helfen dir, schnell gegenzusteuern.

Technologie macht es dir einfach: Nutze Dashboards und Automatisierungstools, um deine Kennzahlen auf einen Blick zu sehen – anstatt sie mühsam manuell zu erfassen. Tools wie Google Analytics, CRM-Systeme oder Buchhaltungssoftware liefern dir Echtzeit-Einblicke und erleichtern datenbasierte Entscheidungen.

Am Ende gilt: **Was du nicht misst, kannst du nicht verbessern.** Erfolgreiche Unternehmen sind keine Glücksgriffe – sie basieren auf klaren, überprüfbaren Daten. Also lass die Zahlen für dich arbeiten – und setze sie als strategische Hebel für dein Wachstum ein.

5 Kernaussagen für Schnellleser

Kennzahlen sind der Puls deines Unternehmens. Sie zeigen dir, wo du stehst und helfen, zukünftige Strategien gezielt zu steuern.

Erfolgskontrolle ermöglicht gezielte Anpassungen. Durch regelmäßige Analyse kannst du Stärken nutzen, Schwächen erkennen und frühzeitig gegensteuern.

Messbare Ziele fördern Motivation und Teamgeist. Sichtbare Fortschritte inspirieren nicht nur dich, sondern auch deine Mitarbeiter und stärken das Engagement.

Digitale Tools machen Kennzahlen leicht verständlich. Automatisierte Dashboards und Reports helfen, Daten in Echtzeit auszuwerten und fundierte Entscheidungen zu treffen.

Die richtige Nutzung von Kennzahlen steigert langfristig den Unternehmenserfolg. Wer Zahlen strategisch nutzt, behält Klarheit, trifft bessere Entscheidungen und gewinnt Begeisterung für sein Business zurück.

Die Kraft der kleinen Erfolge: Warum du auch für die kleinen Siege dankbar sein solltest

In der Welt des Unternehmertums hast du wahrscheinlich große Ziele vor Augen. Vielleicht arbeitest du an einem wichtigen Projekt, möchtest deinen Umsatz steigern oder eine neue Dienstleistung auf den Markt bringen. Doch während du dich auf diese großen Meilensteine fokussierst, vergisst du womöglich all die kleinen Erfolge, die dich Tag für Tag dorthin bringen. Dabei sind es genau diese kleinen Siege, die dir Motivation, Energie und Selbstvertrauen geben. Sie verdienen es, gefeiert zu werden.

Oft übersehen wir Fortschritte, weil sie uns nicht „groß genug" erscheinen. Doch was, wenn du jeden noch so kleinen Erfolg als Baustein deines langfristigen Erfolgs sehen würdest? Jedes positive Kundengespräch, jede gelöste Herausforderung, jede Aufgabe, die du von deiner To-do-Liste streichen kannst – all das sind kleine Highlights, die dich weiterbringen. Wenn du dir diese bewusst machst und würdigst, stärkst du dein Selbstvertrauen und bleibst motiviert, auch an stressigen Tagen weiterzumachen.

Ein wirkungsvoller Weg, deine kleinen Erfolge sichtbar zu machen, ist das Führen eines Erfolgstagebuchs. Nimm dir jeden Abend ein paar Minuten Zeit und schreibe auf, was dir heute gut gelungen ist. Das kann ein positiver Kommentar eines Kunden sein, eine gelungene Präsentation oder einfach die Tatsache, dass du eine schwierige Aufgabe bewältigt hast. Doch über das bloße Festhalten hinaus kannst du eine noch kraftvollere Perspektive einnehmen: Dankbarkeit.

Dankbarkeit dafür, was du erreicht hast, verändert deine Wahrnehmung und lenkt den Fokus von dem, was noch fehlt, hin zu dem, was bereits vorhanden ist. Wissenschaftliche Studien zeigen, dass Menschen, die regelmäßig Dankbarkeit praktizieren, weniger Stress empfinden, resilienter gegenüber Rückschlägen sind und insgesamt zufriedener mit ihrem Leben. Wenn du lernst, dankbar für deine kleinen Erfolge zu sein, wirst du feststellen, dass dein innerer Druck abnimmt. Du fängst an, den Weg genauso zu schätzen wie das Ziel selbst.

Auch im Team kann das Feiern kleiner Erfolge und das gemeinsame Erleben von Dankbarkeit eine große Wirkung haben. Vielleicht habt ihr eine herausfordernde Woche hinter euch, aber ein Kollege hat einen wichtigen Kunden gewonnen oder eine kreative Lösung für ein Problem gefunden. Indem ihr solche Momente in Meetings oder Gesprächen bewusst hervorhebt und euch gemeinsam darüber freut, stärkt ihr nicht nur den Teamgeist, sondern schafft eine Atmosphäre, in der sich jeder wertgeschätzt fühlt. Ein einfaches „Ich bin dankbar für deine Unterstützung in diesem Projekt" oder „Ich schätze deine Arbeit wirklich" kann Wunder wirken – nicht nur für den anderen, sondern auch für dich selbst.

Nicht zuletzt ist Dankbarkeit auch eine Form der Selbstfürsorge. Wenn du ständig nur auf die großen Ziele hinarbeitest, läufst du Gefahr, dich selbst auszubrennen. Gönn dir bewusst Momente des Innehaltens und erkenne an, was du bereits erreicht hast. Diese kleinen Momente der Dankbarkeit helfen dir, langfristig mit Begeisterung und Leidenschaft an deinem Business zu arbeiten. Schließlich ist Erfolg nicht nur das große Ziel am Horizont – er steckt in jedem einzelnen Schritt, den du dorthin machst. Und wenn du lernst, dankbar für jeden dieser Schritte zu sein, wirst du nicht nur erfolgreicher, sondern auch zufriedener sein.

5 Kernaussagen für Schnellleser

Kleine Erfolge sind wertvoll und verdienen Anerkennung. Jeder Fortschritt – sei er noch so klein – trägt dazu bei, langfristige Ziele zu erreichen.

Dankbarkeit verändert deine Wahrnehmung. Wer sich bewusst macht, was er bereits erreicht hat, erlebt weniger Stress und mehr Zufriedenheit.

Ein Erfolgstagebuch hilft, Fortschritte sichtbar zu machen. Das tägliche Notieren von positiven Erlebnissen stärkt das Selbstvertrauen und fördert Motivation.

Dankbarkeit im Team stärkt den Zusammenhalt. Wertschätzung für kleine Erfolge schafft eine positive Arbeitsatmosphäre und steigert das Engagement.

Erfolg bedeutet nicht nur das große Ziel, sondern auch den Weg dorthin zu schätzen. Wer lernt, auch die kleinen Siege zu feiern, bleibt motivierter und arbeitet mit mehr Begeisterung.

Der Weg ist das Ziel – Freude an der Reise

Als Selbständiger kennst du das Spiel: Der Fokus liegt oft nur auf dem großen Ziel – mehr Umsatz, höhere Gewinne, der nächste große Kunde. Doch was, wenn genau das dich ausbrennt? Wenn du immer nur aufs Endergebnis hinarbeitest, verpasst du das Beste: den Weg dorthin. Der Prozess selbst, mit all seinen Herausforderungen und Erfolgen, ist es, der dich wachsen lässt. Und genau hier steckt die Begeisterung, die dich antreibt.

Schau dir dein Business einmal anders an: Nicht als eine Serie von To-dos, sondern als eine spannende Reise. Jeder Tag bringt neue Erkenntnisse, Fortschritte, vielleicht auch Rückschläge – aber genau daraus entsteht Entwicklung. Statt dich nur auf das Endergebnis zu fixieren, feiere die kleinen Erfolge. Sie sind das Fundament deines Wachstums. Setz dir nicht nur große Jahresziele, sondern überprüfe regelmäßig, was du bereits erreicht hast. Mach es messbar:

✔ **Wieviele Neukunden hast du diesen Monat gewonnen?**
✔ **Welche Prozesse hast du verbessert?**
✔ **Welche Fähigkeiten hast du dir neu angeeignet?**

Diese kleinen Meilensteine bewusst zu registrieren, gibt dir Schwung und Motivation. Denn Erfolg ist kein einzelner Moment – er entsteht aus einer Reihe von Schritten, die du täglich gehst.

Doch du musst diesen Weg nicht allein gehen. Der Austausch mit anderen Selbständigen kann dir wertvolle Perspektiven geben. Netzwerke, Mastermind-Gruppen oder Online-Communities sind nicht nur Orte für fachliche Tipps – sie geben dir auch Rückhalt und Inspiration. Hier teilst du Herausforderungen und Erfolge, lernst aus den Erfahrungen anderer und bekommst den Antrieb, den du manchmal brauchst, um dranzubleiben.

Gib dir selbst Raum für Kreativität. Routine kann lähmen, wenn sie nicht regelmäßig durch neue Impulse durchbrochen wird. Setz dich bewusst hin und frage dich:

- Was kann ich in meinem Business neu denken?
- Wie kann ich meine Dienstleistung noch innovativer gestalten?
- Welche neuen Ideen reizen mich gerade?

Wenn du dir erlaubst, außerhalb der gewohnten Strukturen zu denken, öffnest du Türen zu neuen Möglichkeiten – und genau das hält die Begeisterung für dein Business lebendig.

Am Ende zählt nicht nur, was du erreicht hast, sondern wie du es erreicht hast. Erfolg fühlt sich dann am besten an, wenn du den Weg dorthin mit Freude gegangen bist. Also: Lass die Hektik hinter dir, nimm den Druck raus und mach dir bewusst, dass jeder Schritt zählt. Dein Business soll dich erfüllen – nicht auslaugen. Und genau das beginnt damit, dass du den Prozess genießt, nicht nur das Ziel.

5 Kernaussagen für Schnellleser

Der Weg zum Erfolg ist genauso wertvoll wie das Endziel. Wer den Prozess schätzt, findet mehr Freude und Begeisterung in seinem Business.

Kleine Erfolge sind Bausteine für langfristiges Wachstum. Jeder Fortschritt stärkt das Selbstvertrauen und hält die Motivation aufrecht.

Gemeinschaft und Austausch mit Gleichgesinnten bereichern die Reise. Netzwerke und Communities bieten Inspiration, Unterstützung und neue Perspektiven.

Raum für Kreativität und neue Ideen öffnet Türen zu Innovation. Wer sich bewusst Zeit für Visionen nimmt, entdeckt neue Möglichkeiten für sein Business.

Erfolg bedeutet, den Weg bewusst zu genießen. Wer sich auf den Prozess einlässt, entwickelt nicht nur sein Business, sondern auch sich selbst weiter.

Mythos Wachstum – Warum „größer" nicht immer „besser" ist

Es ist eine der hartnäckigsten Vorstellungen in der Geschäftswelt: Ein Unternehmen muss wachsen. Mehr Umsatz, mehr Kunden, mehr Mitarbeiter, mehr Marktanteil. Doch ist das wirklich der einzig sinnvolle Weg? Oder ist es vielleicht an der Zeit, diesen Wachstumswahn zu hinterfragen?

Denn die Wahrheit ist: Wachstum um jeden Preis kann zur Falle werden. Je größer ein Unternehmen wird, desto schwerfälliger wird es. Die Flexibilität schwindet, Entscheidungen dauern länger, Strukturen werden komplexer. Plötzlich bist du nicht mehr der Kapitän eines wendigen Segelbootes, das elegant durch die Marktbewegungen navigiert – sondern stehst am Steuer eines gigantischen Kreuzfahrtschiffs, das nur mit großem Kraftaufwand seinen Kurs ändern kann.

Größe allein ist kein Erfolgsfaktor. Passende Größe schon.

Was wäre, wenn es nicht darum ginge, möglichst groß zu werden, sondern **die optimale Größe für dein Business** zu finden? Eine Größe, die dir Stabilität gibt, aber trotzdem genug Beweglichkeit lässt, um schnell auf Veränderungen zu reagieren? Eine Größe, die es dir erlaubt, Qualität statt Masse zu liefern und echte Beziehungen zu Kunden aufzubauen, statt anonym Massenmärkte zu bedienen?

✔ **Stabilität statt Wachstumszwang:** Ein Unternehmen, das sich auf stabile Einnahmen, nachhaltige Kundenbeziehungen und effiziente Prozesse konzentriert, ist oft profitabler als eines, das sich in unkontrolliertem Wachstum verliert.

✔ **Flexibilität statt Trägheit:** Kleinere, agile Unternehmen können sich schneller anpassen, neue Ideen ausprobieren und nah an den Bedürfnissen ihrer Kunden bleiben – ein entscheidender Vorteil in dynamischen Märkten.

✔ **Lebensqualität statt Dauerstress:** Ein Unternehmen zu führen, das wächst, nur weil es wachsen „muss", bedeutet oft mehr Bürokratie, mehr Verantwortung, mehr Stress. Aber bringt es auch mehr Erfüllung? Oder wäre es nicht sinnvoller, ein Business zu haben, das sich optimal in dein Leben einfügt, anstatt dein Leben für das Business zu opfern?

Natürlich ist Wachstum nicht per se schlecht. In bestimmten Phasen kann es sinnvoll sein, neue Märkte zu erschließen oder mehr Kunden zu gewinnen. Doch die entscheidende Frage ist: **Wachstum – aber in welche Richtung?**

Vielleicht ist es an der Zeit, Erfolg neu zu definieren. Nicht als ständiges „Mehr", sondern als intelligentes, nachhaltiges Wirtschaften auf dem Niveau, das für dich und dein Unternehmen wirklich passt. Nicht als Jagd nach Marktanteilen, sondern als kluge Navigation durch das Auf und Ab des Marktes. **Nicht als Ziel des Wachstums um des Wachstums willen, sondern als bewusste Entscheidung für Qualität, Flexibilität und eine gesunde Unternehmensstruktur.**

Denn nicht das größte Unternehmen gewinnt. Sondern das, das am besten auf Kurs bleibt.

Kapitel 10:
Der Weg in die Zukunft

Anpassungsfähigkeit – Die unterschätzte Superkraft

„Nicht das stärkste Unternehmen überlebt –
sondern das anpassungsfähigste."

Wenn du als Unternehmer das Gefühl hast, dass sich gerade alles schneller verändert als je zuvor – dann liegst du richtig. Märkte verschieben sich. Kundenverhalten wandelt sich. Technologien verändern, wie wir arbeiten.Und gleichzeitig willst du deinen eigenen Weg gehen, deine Werte leben und mit Freude unternehmerisch gestalten.

In solchen Zeiten zeigt sich, wer wirklich beweglich ist. Es gibt Unternehmer, die bei der ersten Marktveränderung ins Straucheln geraten. Und dann gibt es diejenigen, die scheinbar mühelos auf jede Welle aufspringen, sich neu erfinden und trotzdem ihren Kurs halten.Was unterscheidet die beiden? Anpassungsfähigkeit.

Erfolg basiert heute nicht mehr auf starren 5-Jahres-Plänen oder bewährten Routinen. Er basiert auf der Fähigkeit, flexibel auf neue Gegebenheiten zu reagieren – ohne sich selbst dabei zu verlieren. Es geht nicht um blindes Mitmachen, sondern um kluge, reflektierte Entscheidungen.Klarer Fokus, flexible Wege: Du brauchst eine Vision, aber du musst bereit sein, den Weg dorthin immer wieder neu anzupassen.

Mut zum Testen – statt alles auf eine Karte zu setzen

Was aber, wenn du merkst: „So wie bisher fühlt es sich nicht mehr richtig an" – aber du weißt noch nicht, wohin es gehen soll? Dann brauchst du einen sicheren Raum, um neue Ideen auszuprobieren. Ohne Druck. Ohne riesige Investitionen.Und ohne dein laufendes Geschäft zu gefährden.

Genau dafür gibt es das Konzept des MVP – Minimum Viable Product. Der Begriff stammt aus dem Lean-Startup-Ansatz, geprägt von Frank Robinson und popularisiert durch Eric Ries und Steve Blank. Die Idee: Statt ein monatelang perfektioniertes Produkt zu entwickeln, das am Ende niemand braucht, entwickelst du die kleinstmögliche funktionierende Version deiner Idee – und testest sie direkt am Markt.

Das können sein:

- Eine einfache Landingpage mit einem neuen Beratungsangebot
- Ein PDF mit einer Konzeptskizze für deinen Workshop oder Kurs
- Eine Testgruppe mit 3–5 Kunden, die dein neues Modell ausprobieren
- Ein Videoclip, in dem du eine Idee vorstellst und um Feedback bittest

Der Clou: Du testest nicht nur die wirtschaftliche Machbarkeit, sondern auch etwas viel Wichtigeres – dein eigenes Gefühl dabei. Denn manchmal zeigt sich erst im Tun, ob die Begeisterung zurückkommt.

Parallele Tests – Dein zweites Standbein auf Probe

Du musst nicht gleich alles umwerfen, um dich neu auszurichten. Viel sinnvoller ist es, einen parallelen Testlauf zu starten – eine Art „zweites, kleines Universum", in dem du dich ausprobieren darfst. Das funktioniert auch mit wenig Zeit und Budget:

- Baue eine einfache Website mit inCMS, WordPress oder einem anderen CMS-System
- Erstelle eine Angebotsseite, verlinke sie in deinem E-Mail-Footer oder auf LinkedIn.
- Biete einen Pilot-Termin, ein Live-Format oder eine begrenzte Testphase an.
- Nutze Canva, KI-Tool, Loom, Zoom & Co. – keine teure Technik nötig.

So sammelst du Feedback, ohne Druck. Und du merkst sehr schnell: Gibt es Resonanz? Entsteht Energie? Macht es dir Freude?

Aber, aber aber: „Ich habe keine Zeit."

Klar – der Unternehmeralltag ist voll. Aber stell dir vor, du müsstest morgen für vier Wochen ausfallen. Krankheit, Burnout, ein familiärer Notfall. Was würde passieren? Ein kleiner Test kostet dich sicher etwas Zeit.

Aber er kann dir neue Perspektiven, neue Begeisterung – und vielleicht sogar eine neue Geschäftsidee bringen. Und selbst wenn du danach feststellst: „Das war's doch nicht" – hast du etwas gelernt. Und Klarheit gewonnen.

Sparringspartner für schnelle Ideen und pragmatische Umsetzung

Wenn du Unterstützung brauchst, musst du nicht allein loslegen. Ich bin selbst Unternehmer, Mediengestalter und seit über 30 Jahren in der Welt der Ideen, Marken und Geschäftsmodelle unterwegs.

Was mich antreibt, ist nicht die Theorie – sondern die Freude daran, aus Gedanken etwas Greifbares zu machen. Denn es sind nicht die großen Konzerne, die unsere Wirtschaft tragen – sondern die kleinen und mittelständischen Unternehmen.

Menschen wie du und ich, die den Schritt in die Selbstständigkeit gewagt haben, weil sie etwas bewirken wollten. Weil sie etwas konnten, etwas sahen – und bereit waren, Verantwortung zu übernehmen. Sie schaffen Arbeitsplätze, geben ihrem Umfeld Stabilität, stehen für Qualität und Haltung. Doch wenn genau diese Unternehmer:innen ausbrennen, sich verlieren oder nur noch funktionieren, dann betrifft das nicht nur sie selbst. Es betrifft ihre Mitarbeiter, ihre Familien, ihre Kundinnen und Kunden – und letztendlich die Gesellschaft als Ganzes. Zufriedene, inspirierte Unternehmerinnen und Unternehmer sind das Fundament für eine gesunde Wirtschaft und ein funktionierendes Miteinander.

Deshalb ist es mir ein echtes Anliegen, dazu beizutragen, dass die Begeisterung für das eigene Tun nicht verloren geht – sondern wieder Raum bekommt. Schritt für Schritt. Klar. Und echt.

Mit Hilfe von inCMS, KI-Tools, Webdesign, Video, Fotografie und ehrlichem Feedback entwickeln wir gemeinsam ein MVP oder Testformat, das wirklich zu dir passt – und dir hilft, wieder mit mehr Klarheit und Energie unterwegs zu sein. Du brauchst dafür kein ausgefeiltes Konzept. Nur die Bereitschaft, den ersten Schritt zu gehen.

Der nächste Schritt: Erst mal klein denken – und bewusst beginnen

Statt dich im Kopf zu verlieren, frag dich ganz konkret: Was ist die einfachste, greifbare Version meiner Idee, die ich jemandem zeigen kann?

Manchmal braucht es zur Klärung ein echtes, offenes Gespräch. Viele Unternehmer stecken tief in ihren eigenen Gedanken, drehen sich im Kreis und können mit ihrem Umfeld oft nicht wirklich über ihre Veränderungswünsche sprechen. Freunde und Familie reagieren nicht selten mit Sorge oder Zurückhaltung, weil sie Veränderungen mit Risiken verbinden. Doch was, wenn du einfach mal jemanden hättest, der deine Situation wohlwollend, aber mit der nötigen Außenperspektive betrachtet?

Genau dafür gibt es mein Angebot. Du kannst ganz unverbindlich den kostenlosen **Quick-Check** auf meiner Webseite nutzen, um eine erste Standortbestimmung zu machen. Wenn du tiefer einsteigen möchtest, gibt es auch eine ausführlichere Analyse mit konkreten Handlungsempfehlungen. Und für alle, die das persönliche Gespräch suchen: Wir können einen Termin für eine **Zoom-Session** vereinbaren – ich nenne es bewusst kein Coaching, denn oft geht es gar nicht darum, gecoacht zu werden, sondern darum, Gedanken laut auszusprechen, neue Blickwinkel zu bekommen und herauszufinden, was als nächster Schritt sinnvoll ist.

Ich weiß aus eigener Erfahrung, wie es ist, in den eigenen Gedanken gefangen zu sein. Manchmal reicht ein Gespräch, um einen Knoten im Kopf zu lösen und neue Klarheit zu gewinnen. Also, wenn du merkst, dass du etwas verändern möchtest, aber nicht genau weißt, wie – **melde dich einfach. Ich beiße nicht.** Lass uns gemeinsam überlegen, wie du wieder mehr Begeisterung in dein Business bringst. Denn am Ende geht es genau darum: Dass du Freude an dem hast, was du tust, dass du deine Kunden begeistern kannst und dass du die Freiheit hast, dein Unternehmen so zu gestalten, dass es dich erfüllt.

Ich freue mich auf den Austausch und wünsche dir viel Erfolg, viel Freude und den Mut, den nächsten Schritt zu gehen!

René Greiner | www.passion-reloaded.de

Über den Autor

René Greiner ist Unternehmer, Mediengestalter und Autor mit über 30 Jahren Erfahrung in der Medienbranche. Als kreativer Kopf hinter der video4net GmbH unterstützt er kleine und mittelständische Unternehmen mit authentischen Medienstrategien, Videoproduktion und Markenkommunikation.

Seine eigene Reise als Unternehmer war geprägt von Höhen und Tiefen, Neuanfängen und der ständigen Suche nach Sinn und Begeisterung. Genau darum geht es in „Passion Reloaded": Wie wir unsere Leidenschaft neu entfachen, Klarheit gewinnen und den Mut finden, unseren eigenen Weg zu gehen.

Privat ist René ein leidenschaftlicher Motorradfahrer, Segler und Fotograf. Seine kreative Kraft schöpft er aus der Natur, aus handwerklichem Tun und aus echten Begegnungen – besonders mit seiner Familie. Viele seiner Impulse entstehen auf dem „Stadlberghof", den er gemeinsam mit seiner Frau Barbara bewirtschaftet. Dort, zwischen ehrlicher Arbeit, lebendiger Stille und dem Alltag im Hier und Jetzt, findet er Raum für neue Ideen und Klarheit. Immer begleitet von dem inneren Kompass, neugierig zu bleiben und das Wesentliche nicht aus den Augen zu verlieren.

Weitere Websites des Autors:

- Videoproduktion: video4net.de
- Rückzugsort zur Content-Erstellung: media-retreat.de
- Werbecoaching: greiner-marketing.de
- Webdesign: greiner-webdesign.de
- Unterstützung für Autoren: online-ghostwriter.de
- Buch „Authentisch erfolgreich": authentic-living.de
- Hof in Niederbayern: stadlberghof.de

Transparenz-Hinweis zur Nutzung Künstlicher Intelligenz

Bei der Erstellung dieses Buches habe ich moderne KI-gestützte Tools genutzt, darunter ChatGPT für Textunterstützung, Designerr für Layout und Gestaltung sowie die Tools von Swissmademarketing für Optimierung und Strukturierung. Diese Technologien haben geholfen, den Arbeitsablauf effizienter zu gestalten – doch sie ersetzen keinesfalls das, was wirklich zählt: echte unternehmerische Erfahrung, tiefe Marktkenntnis und die gesammelten Einsichten aus unzähligen Gesprächen mit Unternehmern.

Dieses Buch basiert auf den Erkenntnissen aus meiner jahrelangen Tätigkeit als Unternehmer, zahlreichen Interviews mit Selbstständigen und Führungskräften sowie den direkten Erfahrungen aus meiner beruflichen Laufbahn. Die KI war hier ein Werkzeug, aber der Kern der Inhalte entspringt echter Praxis und realen Erfahrungen.

Letztendlich kommt es nicht darauf an, welche Tools man nutzt – sondern darauf, wer sie nutzt und mit welchem Wissen sie gefüttert werden.